50 Tipps für einen besseren Kundenservice

Band 8
2021

Die „Tipps der Woche" von
den Beratern der junokai GmbH

„Service macht den Unterschied"

Mit Beiträgen von: Aaron Schmidt, Andreas Mai, Carlos Carvalho, David Köngeter, Dominikus Leicht, Duron Nushi, Felix Prömel, Friedemann Dembski, Gerhard Klose, Hendrik Schmitz, Hennig Ahlert, Jens Mühlberg, Jonas Leismann, Jürgen Marx, Laura Hoffmann, Markus Müller, Michael Fürst, Ralf Dinter, Rogier Bosch, Sandra Lenzing, Stefan Reissing, Stefan Wimmer, Stephan Plaß, Udo Ociepka

Impressum

© 2021 junokai GmbH

Redaktion: Gerhard Klose

Umschlag: NORDISCH.COM, Hamburg

Verlag & Druck: tradition GmbH, Halenreie 40-44, 22359 Hamburg

ISBN 978-3-347-39938-9

junokai GmbH
Schumannstr. 17
10117 Berlin
info@junokai.de
www.junokai.de

Sehr geehrte Leserinnen und Leser,
liebe Freundinnen und Freunde,

das Jahr 2021 hatte auch im zweiten Jahr mit intensiven Auswirkungen der Corona Pandemie einen besonderen Einfluss auf Unternehmen und damit auch auf deren Kundenservice. Zieht man ein Fazit des Jahres 2021 bezüglich der Auswirkungen und Entwicklungen im Kundenservice, so sehen wir Rückblick unserer Beratungstätigkeit genau die Themen bestätigt, die wir im Vorwort der Tipps der Woche VII aus dem Jahr 2020 beschrieben haben.

Verteiltes Arbeiten im Sinne von work@home wurde 2021 weiter professionalisiert, und viele Unternehmen sind dazu übergegangen, work@home einen festen Platz in der Kundenservicestruktur einzuräumen, auch nachdem die Notwendigkeit eines Arbeitens von zuhause nicht mehr notwendigerweise gegeben war.

Nearshore Support als Alternative zu (auch durch einen weiter steigenden Mindestlohn) teurer werdenden Mitarbeitern in Deutschland wurde weiterhin im Jahr 2021 stark nachgefragt, um die Kosten zu reduzieren und überhaupt noch den Mitarbeiterbedarf im Service zu decken. Viele Unternehmen haben hier inzwischen eigene Standorte im Ausland aufgebaut oder sind Partnerschaften mit Dienstleistern für Nearshore Services eingegangen. Das hat mittlerweile dazu geführt, dass die Kosten an begehrten Nearshore Standorten stetig gestiegen sind, weiter steigen werden und sich damit die Frage nach dem perspektivischen Nutzen dieser Standorte im Sinne des erwarteten Preis-/Leistungsverhältnisses für die Zukunft stellen muss.

Es bleibt mit Spannung zu beobachten, ob und wann trotz fortschreitender Digitalisierung des Service und auch von Kontaktreduktionsaktivitäten der Preis und die Nachfrage nach Ressourcen für den Kundenservice dazu führen, dass ein Umdenken in Unternehmen stattfindet und mehr Geld in den Service fließt, um überhaupt noch geeignete Mitarbeiter in notwendiger Anzahl und Qualität zu finden. Die Zeiten des Gehalts- und Preisdumpings scheinen dem Ende entgegenzugehen.

Das wiederum wird dem Kundenservice eine sich wieder verändernde Rolle in der Unternehmensstrategie bescheren. Die Erwartungshaltung an Kreativität, Ideenreichtum und Ergebnisse, die an den Kundenservice gerichtet werden, werden sich erneut verstärken. Antworten für das Zusammenspiel von Produktivität, Qualität, Kosten und Sales werden mehr denn je gefordert sein.

In dem vor Ihnen liegenden inzwischen achten Band der *Tipps der Woche* greifen wir erneut unterschiedlichste Themen aus unserer Beratungspraxis auf, die Ihnen Denkanstöße und Handlungsempfehlungen für einen exzellenten Kundenservice heute und morgen geben sollen. Wir wünschen Ihnen viel Spaß beim Lesen, der Diskussion mit Ihren Teams und in der praktischen Anwendung der Tipps. Kundenservice bleibt aus unserer Sicht ein noch oft unterschätztes Differenzierungsmerkmal. Nutzen Sie die Chance, sich im Markt und vom Wettbewerb zu differenzieren.

Ihr junokai Team

„*junokai* hat uns bei der Neustrukturierung eines Vertriebskanals intensiv begleitet und unterstützt. Von Beginn an erlebte ich „meinen" Berater als immens kompetent, vorausdenkend und top strukturiert. Hohe Marktkenntnisse als auch tiefes Know-how für operative Dinge unterstreichen die Kompetenz, die ich erlebt habe. Vorausschau und Struktur meines Beraters waren für mich eine gewinnbringende Eigenschaft, so dass die *junokai* Berater-Ressource zu der maßgeblichen Größe für meine Planung, Prozessierung und Aussteuerung meines Kanals wurde."

Markus Passau
Vice President SME
1&1 Versatel GmbH

„Die *Tipps der Woche* entstehen in der Praxis für die Praxis. Hier geht es weniger um theoretisches Wissen, sondern vielmehr um tief greifende Erfahrung, die in den Customer Service Einheiten gesammelt und in anschaulichen Tipps und Tricks wiedergegeben wird. Wir lernen miteinander und voneinander, daher ist diese Sammlung von *junokai* so wertvoll."

Christian Schmidtchen
Head of Digital Enablement & Innovation
Telefónica Germany GmbH & Co. OHG

„Die *Tipps der Woche* sind ein wichtiger Impulsgeber und bieten immer wieder aufs Neue Anregungen und interessante Sichtweisen in der stetigen Weiterentwicklung des Kundenservice. Insbesondere der Bezug auf aktuelle Themen und Entwicklungen machen die Tipps der *junokai*-Experten zu einem absoluten Must-Read."

Dirk Dammert
Director Global Service Center
Canyon Bicylces GmbH

„Die *Tipps der Woche* von *junokai* verdeutlichen, wie anspruchsvoll, vielfältig und dynamisch Kundenservice in Bezug auf Kundenanspruch, Mitarbeiterbeschaffung und -führung, Organisations-Setup, Qualitätsmanagement und Digitalisierung geworden ist. Die Tipps sind immer am Puls der Zeit, knackig zusammengefasst und trotzdem ausreichend verdeutlichend. Genau das Richtige in einer Zeit der Informationsüberflutung mit leider immer öfter geringer Qualität."

Thomas Maier
Senior BPO Manager
Service CX /SEG
Samsung Electronics GmbH

Inhalt

Tipp 356: Cross-Channel statt einfach nur Multi-Channel

Die meisten Unternehmen bieten ihren Kunden einen Kundenservice über mehr als einen Kanal an. Es ist jedoch immer noch gängige Praxis, dass der Schwerpunkt, den das Unternehmen dabei setzt, auf einem bestimmten Kanal liegt. Wenn die Kunden hauptsächlich E-Mail verwenden, dann konzentriert sich das Unternehmen auf einen guten E-Mail-Support. Wenn der Telefonkanal immer noch der Standard ist (was bei einem Großteil der Unternehmen so ist), dann wird dem Service im Schwerpunkt in diesem Kanal Aufmerksamkeit geschenkt im Hinblick auf gut funktionierende Prozesse, Technologie, Befriedigung der Kundenbedürfnisse etc.

Aber vor dem Hintergrund der Veränderung des Kundenverhaltens sollte der Kanalansatz regelmäßig neu bewertet werden. Eine große Anzahl verschiedener Kommunikationskanäle wird bereits heute durch Kunden genutzt und bei der derzeitigen Entwicklungsgeschwindigkeit werden regelmäßig neue folgen.

Also erweitern immer mehr Unternehmen den Kundensupport zu einer Multi-Channel-Kommunikation. Sie bieten den Kunden verschiedene Kanäle an, so dass diese wählen können, wie sie den Kundensupport kontaktieren möchten.

Die Implementierung von Multi-Channel-Kommunikation wird oft auf Basis einer Innovationsperspektive – z.B. wir müssen einen Chat hinzufügen, weil andere das auch anbieten – oder aufgrund von Kostenersparnisgründen vorangetrieben. Das bedeutet jedoch nicht, dass die zusätzlichen Kanäle zielführend mit den bisher schon vorhandenen Kanälen verknüpft werden.

Die Auswahl mehrerer Kanäle kann sich positiv auf die Kundenzufriedenheit auswirken, bringt aber auch Herausforderungen mit sich, die Unternehmen im Falle eines einzelnen Kanals nicht haben. Je mehr Kanäle hinzugefügt werden, desto größer ist die Wahrscheinlichkeit, dass ein und derselbe Kunde mehrere Kanäle für dasselbe Thema nutzt, falls er beispielsweise mit der Performance oder der Lösung in einem Kanal nicht zufrieden gestellt werden konnte.

In vielen Fällen behandeln Unternehmen jeden Kanal als einen separierten Kanal und verwenden separierte Technologien, was zu einem Multi-Channel-Angebot mit nebeneinander stehenden, aber nicht integrierten Single-Channel-Leistungen führt. Die Kundenservice Organisation und die unterstützenden Technologien sollten jedoch einen kanalübergreifenden und integrierten Service ermöglichen – also Cross-Channel statt einfach nur Multi-Channel.

Typische Probleme von Kunden, wenn Unternehmen nur Multi-Channel-Kommunikation statt Cross-Channel anbieten, gestalten sich z.B. folgendermaßen:

- Kunden müssen ihr Anliegen nach Kanalwechseln mehrfach schildern, da die Historie der vorherigen Kanäle nicht übertragen wird.
- Kunden stecken in einem automatisierten Self-Service ohne finale Lösung fest und kein einfacher Wechsel in eine persönliche Betreuung ist möglich.
- Kunden müssen lange warten, da Ihnen nicht proaktiv der Service über einen anderen Kanal angeboten wird.

Ein gutes Cross-Channel Setting ermöglicht jedoch eine Integration und ein optimales Zusammenspiel der einzelnen Kanäle. Folgende Beispiele:

- Der Kunde beginnt im Voice-Self-Service und erhält einen Transfer zu einem persönlichen Kundenberater, wenn er im Self-Service nicht weiterkommt.
- Der Kunde startet im Web mit einem Bot und erhält bei Bedarf einen Live-Chat mit einem Kundenberater.
- Der Kunde erhält eine E-Mail und kann zu diesem Vorgang einen Kundenberater kontaktieren, der den Vorgang direkt angezeigt bekommt.
- Es werden terminierte Rückrufe in der Warteschlange angeboten oder der Absprung zu einem Bot, der einfache Fälle direkt lösen kann.

Grundsätzlich sollte man die Vorteile der Automatisierung (Kosteneffizienz und keine Wartezeit für den Kunden) nutzen, aber gleichzeitig sicherstellen, dass die Kunden einen Kundenberater erreichen können, wenn ein solcher benötigt wird. Im Gegenzug sollten automatisierte Lösungen aus menschlichen Interaktionen „lernen" und somit optimiert werden.

Übrigens auch im Workforce Management gilt es, jeden einzelnen Kanal – vom Forecast über die Personaleinsatzplanung bis hin zur Intraday Planung – zu berücksichtigen.

Zusammenfassend kann man sagen, dass die angebotenen Kanäle in ein integriertes Cross-Channel Modell eingebettet sein sollten das ein einheitliches Auftreten gegenüber den Kunden sowie eine gesamtheitliche Planung und Steuerung sowie ein integriertes Reporting ermöglicht.

Rogier Bosch (Berater)

Tipp 357: Advanced Analytics – Business Intelligence weiter gedacht

D er Kundenkontakt, unendliche Weiten. Wir schreiben das Jahr 2020. Dies sind die Abenteuer eines Quality Assurance Managers, der mit seinen 400 Reports und 5 Dashboards unterwegs ist, um Qualität zu verbessern. Viele Lichtjahre von der Erkenntnis entfernt, dringt er in Galaxien der Kontaktanalyse vor, die nie ein Mensch zuvor gesehen hat.

Die Informationen aus vorliegenden Reports und Dashboards helfen ihm bereits zu verstehen, was zuletzt oder vor längerer Zeit passiert ist und welche Auswirkungen dies mit sich brachte. Dadurch hat der QA Manager die Möglichkeit, Abhängigkeiten zu erkennen. Er beherrscht also den Blick in den Rückspiegel und leitet daraus logische Zusammenhänge ab.

Das reicht ihm aber jetzt nicht mehr. Er hat den Anspruch, aus den Erkenntnissen der Vergangenheit Ableitungen für die Zukunft zu generieren. Mit nach vorn gewandtem Blick möchte er Qualität zukünftig und proaktiv sicherstellen, um so Wettbewerbsvorteile für sein Unternehmen zu erzielen.

Was sind Advanced Analytics?

Die Galaxie, in der er sich nun befindet, ist das weite Feld der Advanced Analytics. Damit betritt er das Gebiet von maschinellem Lernen und künstlicher Intelligenz. Es eröffnet völlig neue Möglichkeiten wie Data- und Textmining, Predictive Analytics, Sentiment Analytics, neue Visualisierungsmöglichkeiten, Simulationen von komplexen Vorgängen und vieles mehr. Ein Gebiet, das sich im Halbjahres- oder Jahresrhythmus durch immer neue Innovationen auszeichnet.

Noch klarer wird das Verständnis von der technisch fortschrittlicheren Advanced Analytics, wenn die wesentlichen Fragestellungen des klassischen Konzepts der Business Intelligence (BI) danebengehalten werden. Wo BI anfängt und grundsätzliche Fragen (Was ist passiert? Wann? Wer?

Wie viel?) beantwortet, geht Advanced Analytics weiter und antwortet auch auf die folgenden exemplarischen Fragen: Was wird unter Berücksichtigung der Parameter X und Y zukünftig passieren? Wie ändert sich diese Prognose, wenn sich diese Parameter ändern? Was passiert darauffolgend und welche Handlungsfelder/-empfehlungen ergeben sich daraus?

Ein Schlüsselaspekt von Advanced Analytics ist das erwähnte Data Mining, eine automatisierte Methode, um nutzbare Informationen aus umfangreichen Rohdatensätzen zu extrahieren. Wenn es um das Finden von vorhandenen Erkenntnissen oder das Verbinden bzw. Bereinigen von Datenpunkten/-sätzen geht, helfen Big-Data-Analysen. Weiterführende Predictive Analytics können diese „sauberen Daten" und verschiedene bereits vorhandene Erkenntnisse nutzen, um Prognosen über zukünftige Aktivitäten, Trends und Kundenverhalten zu erstellen.

Was kann man damit im Kundenservice beispielsweise tun?

Das bedeutet für den QA-Manager, den möglichen Einsatz von Tools zur Interaktionsanalyse mit dem Ziel sicherzustellen, dass sich Mitarbeiter an Unternehmensrichtlinien, Gesprächsleitfäden und andere Vorgaben halten. Schon eine einfache cloudbasierte Sprachanalyse-Lösung kann die aufgezeichneten Calls so filtern, dass die bisherige Suche nach der Nadel im Heuhaufen, mit glücklich oder unglücklich gewählten Stichprobengrößen, entfällt. Nur die Calls, die eine tatsächliche Relevanz mit sich bringen, müssen angehört und analysiert werden.

Mit diesem Hilfsmittel können nicht nur die „schwarzen Schafe" aufgespürt und gezielt verbessert werden. Der QA-Manager wird auch Best Practice Beispiele finden und diese bei der Weiterentwicklung der Mitarbeiter einfließen lassen. Dieses Vorgehen ist besonders effizient, um z.B. In-Call-Verkaufserfolge auf die Zielgerade und darüber hinaus zu bringen.

Weitere Use Cases

Advanced Analytics umfasst neben diesen genannten noch viele weiteren Disziplinen und bietet eine sehr breite Anwendbarkeit – so gibt es also noch zahlreiche weitere denkbare Use Cases.

Marketingabteilungen werden es deutlich leichter haben, die Präferenzen der unterschiedlichen Kundensegmente zu entschlüsseln, abzuschätzen wie sich diese entwickeln werden oder welche Ziele in Zukunft angestrebt werden könnten. Dies kann dazu beitragen, Strategien und Kampagnen mit mehr Präzision und Vertrauen noch weiter im Voraus zu planen.

Auch im Warehouse Management kann von Advanced Analytics profitiert werden, indem die Dynamik hinter dem Warenausgang verstanden und mit früheren Verkäufen bzw. Bestellvorgängen verglichen wird. So lassen sich mit validen Prognosen Bestellprozesse beschleunigen und die Auslastung von Lagerbeständen effizienter gestalten.

Selbst Unternehmen des produzierenden Gewerbes (speziell mit Maschinen- und Robotereinsatz) können sich der Advanced Analytics bedienen, um Self-Maintenance-Lösungen zu erschließen, welche frühzeitig alarmieren und Reports liefern, um zum Beispiel kostenintensiven Verschleiß zu vermeiden. Solche Frühwarnsysteme bieten Unternehmen die Möglichkeit, große Summen an Reparatur- und Aufrüstungskosten zu sparen.

Eine fortschrittliche BI- und Analyseplattform kann, wenn richtig eingesetzt und angebunden, viele neue tiefere Erkenntnisse mit sich bringen, welche mit gut konfigurierten Algorithmen einen validen Blick in die Zukunft eröffnen. Damit lassen sich die Geschäftsanforderungen optimal vorbereiten, wodurch der Blick in den Rückspiegel zum reaktiven Nachsteuern deutlich reduziert wird. Bereits vorhandene komplexe Datensätze lassen sich in benutzerfreundliche Dashboards vereinfachen.

Mit dieser nächsten Generation von Analysetools hat man also die Chance, eine „Meinung" in eine datengetriebene und somit belastbare Erkenntnis zu transformieren – und seine Vorhaben mit Warpgeschwindigkeit in die Zukunft zu befördern ... „Energie!".

Stefan Reissing (Junior Berater)

Tipp 358: Weil einfach einfach einfach ist

Zielgruppengerechte Kommunikation an Mitglieder des Senior Managements – aber nicht nur an die.

Ein nicht geringer Teil der Aufgaben aus unserem Berateralltag besteht aus dem Erstellen (und oft auch Vortragen) von Präsentationen, Projektstatusberichten, Analysen und dergleichen. Weil wir oft in der Rolle als Projektleiter bzw. -verantwortliche tätig sind, aber auch weil wir üblicherweise relativ viel Übung und Erfahrung darin haben, solche Vorträge mit den zugehörigen Unterlagen vorzubereiten und durchzuführen.

Und nicht zuletzt, weil wir immer wieder erleben, dass – trotz bestem Fachwissen und hervorragenden Detailkenntnissen in den Projekten – viele Spezialisten in den Fachbereichen ebenso wie viele Manager der mittleren Führungsebenen immer wieder Herausforderungen haben, zielgruppengerechte Unterlagen für ihre Vorgesetzten zu erstellen (für das Senior Management, für das Board, für Steercos, usw.) und diese Aufgabe dann gerne an uns Berater übertragen. Kein Problem, wir unterstützen gerne, das ist unsere Aufgabe und Berufung.

Aber eigentlich ist das Ganze gar nicht so schwer, wenn man sich ein paar Grundlagen und Grundwahrheiten vergegenwärtigt, über die wir im Folgenden sprechen möchten. Dabei möchte ich ganz bewusst nicht auf darstellerische Details von beispielsweise Projekt-Statusberichten eingehen (also wie Sie z.B. anhand eines Ampelsystems Projektfortschritte graphisch aufbereiten, oder ob Sie dafür Balken und Prozentangaben verwenden), sondern Ihnen ganz grundsätzliche Gedankenanregungen geben.

Welche Informationen braucht meine Zielgruppe?

„Verwirrung lässt sich wunderbar stiften, indem man die Informationsmenge erhöht." (Unbekannter Verfasser).

Wie sieht üblicherweise der Tag von Bereichsleitern, Direktoren oder Vorstandsmitgliedern aus? Er ist meist eng durchgetaktet, viele unterschiedliche Themen wechseln sich im Halbstunden- oder Stundenrhythmus ab. Steercos, Statusmeetings und Regeltermine geben sich die Klinke in die Hand. Für jedes Thema bleibt nur wenig Zeit, eine gezielte Vorbereitung auf Termine ist oft schwierig, es müssen ad hoc Entscheidungen in den jeweiligen Terminen getroffen werden.

Der Entscheider hat also oft keine Zeit, sich tief in die Details eines Projekts oder eines beliebigen Themas einzuarbeiten. Sondern wünscht sich klare, knappe, fachlich fundierte Informationen. Eine Zusammenfassung auf einem eher abstrakten Niveau, die aber alle wesentlichen Informationen enthält. Bleiben Sie kurz, knapp, wesentlich. Dass die dahinterliegenden Details von den Fachleuten durchdacht, diskutiert, bearbeitet und gelöst werden, darauf will und muss sich die Führungskraft verlassen.

Sie können darauf verzichten, dem Manager durch das Präsentieren zu vieler Details klarzumachen, dass Sie viel *Arbeit* investiert haben. Zeigen Sie lieber durch das sinnvolle Reduzieren auf die wesentlichen Punkte, dass Sie viel *Hirnschmalz* investiert haben und sowohl Ihre Aufgabe als auch seinen Bedarf verstehen. Eine Seite für jeden wichtigen Teilaspekt eines Themas sollte üblicherweise ausreichen, und mehr als 10-15 Seiten sprengen oft schon den Rahmen eines einstündigen Termins.

Sollte der Manager Interesse haben, in einen bestimmten Aspekt tiefer einzusteigen, wird er vermutlich an der geeigneten Stelle nachhaken, um eine der zusammengefassten Informationen im Detail besser zu verstehen. Dazu ist es sinnvoll, im Anhang der bewusst eher kurz gehaltenen Unterlage trotzdem alle relevanten Detailinformationen dabeizuhaben, um sie bei Bedarf zu zeigen.

Welche Informationen braucht meine Zielgruppe eher nicht?

„Sage nicht alles, was du weißt, aber wisse immer, was du sagst." (Matthias Claudius, Deutscher Dichter und Journalist, 1740-1815).

Wie bereits weiter oben beschrieben: Wenn Sie z.B. eine halbe Stunde haben, um ein bestimmtes Thema vorzustellen, dann helfen den Zuhörern zu viele Details oder zu viele Informationen üblicherweise nicht weiter.

Stellen Sie sich vor, Sie sollen Besuchern des Trainingszentrums eines Fußball-Bundesliga-Vereins innerhalb von 15 Minuten einen Überblick über den Trainingsalltag der Profis erzählen. Sie werden vermutlich einen Überblick geben – also beispielsweise, dass es Theorie- und Praxisteile gibt, Taktikeinheiten, individuelle Fitnesstrainings, gemeinschaftliche Fitnesstrainings, Anteile mit Ball am Fuß, Anteile ohne Ball, Physiotherapieeinheiten und Massagen, usw., und jeweils ein paar Sätze darüber verlieren. Und so den Besuchern eine Übersicht vermitteln.

Sie werden aber vermutlich nicht zehn der 15 Minuten damit verbringen, die theoretischen und praktischen medizinischen und orthopädischen Hintergründe der Physio-Einheiten zu erläutern, und wie genau was genau bei den täglichen Massagen behandelt wird, und warum.

Doch auch wenn Sie diese Details nicht proaktiv vortragen: Es ist sinnvoll, eine Detailfrage, die aus dem Zuhörerkreis kommt, trotzdem beantworten zu können. Denn diese Kompetenz haben Sie ja schließlich als Fachmann.

Die zwölf Stilregeln des NaWik

„Nur ein großer Geist wagt es einfach im Stil zu sein" (Stendhal, frz. Schriftsteller, 1783-1842).

Das Nationale Instituts für Wissenschaftskommunikation (NaWik) in Karlsruhe hat das Problem der zielgruppengerechten Kommunikation aus der Perspektive von Wissenschaftlern beleuchtet, die ihre oft sehr komplexen Erkenntnisse auch fachfremden Zuhörern vermitteln müssen, und zwölf Stilregeln definiert.

Nicht nur Wissenschaftler richten sich gerne danach, auch viele Journalisten und Texter. Sie eignen sich aber ebenso, um komplexe fachliche Themen z.B. an Mitglieder des Managements zu transportieren:

einfach	kurz
• geläufige Begriffe verwenden • Zahlen veranschaulichen • präzise formulieren	• nur das Wesentliche • kurze Wörter, kurze Sätze • Einschübe auflösen

lebendig	strukturiert
• Verben statt Nomen • aktiv statt passiv • Beispiele und Methapern	• Überblick geben • logischer Aufbau • Gliederung verwenden

Mit einer einfachen Frage kann man sich leicht selbst auf die Probe stellen: „Kann ich in drei knackigen Sätzen formulieren, woran ich gerade arbeite?". Schaffe ich das, habe ich meine Kernbotschaft gefunden und kann sie anderen auch vermitteln. Wenn nicht: Üben.

Das klingt gut – hilft mir das jetzt nur fürs Senior Management?

Nein. Ja. Auch. Sie haben es längst gemerkt: Wir haben hier nicht nur über zielgruppengerechte Kommunikation fürs Senior Management gesprochen, sondern über Gedanken, Hinweise und Ideen, um Vorträge und Präsentationen für beliebige Zielgruppen besser zu gestalten.

Die Fragestellungen sind nämlich immer dieselben:

- Wer ist meine Zielgruppe?
- Was beschäftigt meine Zielgruppe?
- Welcher (Sprach-/Grafik-)Stil ist passend?
- Welches Thema interessiert meine Zielgruppe?
- Welchen Detailgrad braucht/erwartet meine Zielgruppe?
- Welches Ziel verfolge ich?

Wenn Sie diese Fragestellungen für einen Vortrag oder eine Präsentation vorab sinnvoll beantworten können, haben Sie einen großen Teil des Weges zurückgelegt, bevor Sie die erste Folie gestaltet haben.

Gerhard Klose (Senior Berater)

Tipp 359: Sind Ihre Web/App Strategien auch Kunden-service-orientiert?

Selfservice-Lösungen und Automatisierung im Rahmen einer Schattenverarbeitung stehen immer mehr im Mittelpunkt von Kundenservice-Strategien. Sei es, um grundsätzlich Servicekosten zu reduzieren oder aber dem Kunden durch diese Optionen eine 24/7 Verfügbarkeit im Lösen von Anfragen und Problemen zu bieten.

Neben Voice- oder Chat-Bots als Selfservice-Schnittstellen wird auch klar der Weg zu direkten Lösungen in Web- und App-Portalen gesucht. Leider entstehen hier aber oftmals Stolpersteine, die entweder nicht zu dem gewünschten Effekt – dem fallabschließenden Lösen des Kundenanliegens und damit verbundenen Kosteneinsparungen – führen und zudem schlechte Kundenerfahrungen produzieren. Was sind die typischen Ursachen hierfür?

Serviceangebote sind nicht sofort zu erkennen

Oftmals sind auf Webseiten die Serviceoptionen oder Kontaktseiten entweder in Untermenüs versteckt oder dann sehr weit unten im Bereich, in dem sich auch Informationen zum Impressum befinden. Bis Kunden sich bis hierhin durchgescrollt haben (und einige Wall-Startseiten können mehrere Scrolls bedeuten), wird ein Teil bereits über eine Suchmaschine oder andere Quellen die Hotline-Nummer herausgesucht und angerufen haben. Vielleicht haben Sie dann das Glück oder Pech, dass die Wartezeit in der Hotline so lange dauert, bis Ihr Kunde sich zum zweiten Mal frustriert wieder der Online-Welt zuwendet. Aber immerhin haben Sie bis hierhin den Kunden bereits auf „Betriebstemperatur".

Tipp 1: Auch wenn Ihre Internet-Seite vielleicht primär Sales-fokussiert ist und Sie starken Wert auf Image und Design legen: Schaffen Sie einen prominenten Platz für den Service und bewerben Sie die Self-Service Lösungen aktiv.

Tipp 2: Zeigen Sie im Web proaktiv wie lange die aktuelle Wartezeit am Telefon ist. Dies kann grob über typische Verlaufskurven und Erfahrungswerte dargestellt werden. Besser ist eine direkte API-Schnittstelle zu Ihrer Telefoninfrastruktur.

Tipp 3: Bewerben Sie Selfservice-Lösungen mit realen Bewertungen der User. Damit senken Sie die Barriere für die Nutzung und machen diese neugierig, es auch einmal selbst zu probieren.

Kunden finden für ihr Anliegen auf der Website nicht intuitiv die benötigte Anlaufstelle

Jetzt haben Sie den Kunden auf Ihre Selfservice-Webseite gebracht – Glückwunsch. Nun sollte er sich auch intuitiv zurechtfinden. Hand aufs Herz: Finden Sie auf einer Serviceseite den Punkt für das jeweilige Anliegen immer direkt und intuitiv und können den Sachverhalt abschließend lösen? Oder sieht die Realität nicht oft so aus: Man findet das Anliegen nicht direkt, eine Freitextsuche liefert ein Potpourri von Ergebnissen und keines passt so richtig. Und ja, dann geht die Hand wieder zum Button – „Kontakt mit Kundenservice".

Tipp 4: Prüfen Sie, welche Use Cases von Ihren Kunden in welcher Menge genutzt werden, ob und wie lange die Bearbeitungszeit aus Kundensicht (!) verbessert wird und ob diese genauso gut im SelfService gelöst werden können. Wenn ja, platzieren Sie diese Top Use Cases und Lösungen auf der Serviceseite mit einfach verständlichen und knappen Informationen.

Tipp 5: Wägen Sie ebenso ab, ob diese Use Cases nicht besser in einem Live Kundenservice-Gespräch gelöst werden können, weil das starke Optionen für Cross- und Upsell, Kundenloyalität oder Vertragsverlängerungen bietet. In diesem Fall empfehlen Sie auf der Selfservice-Seite neben der Online Lösung verstärkt auch das Gespräch mit Ihrem kompetenten Kundenservice.

Warum denn schon wieder?

Gehen wir dem Szenario weiter, dass der Kunde den Button „Kontakt zum Kundenservice" gedrückt hat und dass er sich für den Kontakt über Chat entscheidet. Der Kunde platziert sein Anliegen direkt bei einem Mitarbeiter (kein Bot) und dieser bietet ihm eine Lösung an. Diese erfolgt aber aus Kundensicht nicht abschließend und nun ist er wieder gezwungen die bereits gegangenen Schritte zu wiederholen und auch dem nächsten Mitarbeiter per Chat sein Anliegen zu erklären. Ein Déjà Vu auf die unangenehme Art und eine weitere schlechte Kundenerfahrung.

Tipp 6: Überlegen Sie ob statt einem Chat alternativ ein Messenger genutzt werden kann, der die Vorteile von asynchronen Kanälen bietet, nämlich, dass eine Antwort nicht sofort erfolgen muss und dass die historische Kommunikation bis zum Fallabschluss aus Kundensicht (!) erhalten bleibt.

Tipp 7: Wenn Chat als Kontaktkanal Ihre strategische Entscheidung ist und bleibt, dann nur für einfache und aus Kundensicht fallabschließende Themen. Hier kann ggf. sogar auch ein Bot viele Themen bereits bearbeiten und so zu einer positiven Kundenerfahrung führen.

Safety First

Viele SelfService Lösungen können nur dann angeboten werden, wenn sowohl eine Identifizierung (ich bin ich) aber auch eine Authentifizierung (ich kann beweisen, dass ich ich bin) erfolgt. Hierfür sind klassische Authentifizierungsverfahren wie Kundenname und Passwort möglich, aber ebenso 2-Phasen Authentifizierung über einen Bestätigungscode per SMS oder Biometrics (z.B. Fingerabdrucksensor) im Smartphone. Diese Barrieren sind für einige Prozesse sinnvoll, für ebenso andere aber überflüssig.

Tipp 8: Prüfen Sie für welche Vorfälle eine Identifizierung/Authentifizierung über mehrere Phasen Sinn macht, wenn sie nicht gesetzlich vorgeschrieben ist. Seien Sie aber im Gegenzug genauso rigoros, wenn es um Risk-Themen geht. Kommunizieren Sie die Notwendigkeit auch in ihrer Online-Präsenz. Das schafft Vertrauen, um die Services dann auch ruhigen Gewissens zu nutzen.

Tipp 9: Seien Sie ebenso offensiv und transparent in der Kommunikation was mit den Daten ihrer Kunden passiert. Dies wird ebenso die Nutzung ihrer Services fördern.

Web oder App – Was macht das schon für einen Unterschied?

In der Tat sind viele App Lösungen eine umgestaltete Web-Darstellung auf Smallscreen Format. Dabei kann eine App eine durchaus sinnvolle Ergänzung sein, bei der es viele Vorteile aber ebenso vieles zu beachten gilt:

- Eine App auf dem Smartphone ist grundsätzlich verfügbarer und bietet somit dem Nutzer diese „impulsgesteuert" zu nutzen.
- Gleichzeitig hat er alle Kontaktkanäle (Phone, Chat, Messing, Email) parat und kann somit kontaktkanalübergreifend agieren und kommunizieren.
- Weitere Features, wie z.b. das Abfotografieren einer Rechnung zum Weiterversand über die App oder einem Kontaktkanal sind sehr einfach möglich.
- Weitere technische Möglichkeiten beinhalten z.b. Empfangsmessungen zur besseren Positionierung eines Routers in einer Wohnung, Augmented Reality-Lösungen zur Lösung von Problemen an einem Technischen Gerät, Verknüpfung von Tracking-Daten. Diese bietet ein Web-Interface nur unzureichend.
- Die vorhin erwähnte Authentifizierung am Gerät kann direkt über Biometrics erfolgen

Überraschend ist aber, dass es oft wenige auch auf den Kundenservice ausgerichtete Web/App Strategien gibt, sondern diese oft allein Marketing und Sales orientiert sind.

Tipp 10: Die Anzahl von Apps auf dem Smartphone nimmt ab und die Konkurrenz, welche App ich mir auf mein Smartphone installiere, nimmt zu. Je einfacher, funktionaler und intuitiver eine App ist, desto eher wird diese eine Chance haben auf dem Smartphone zu verbleiben. Kundenservice und Selfservice kann ein USP sein, womit die Akzeptanz der App gesteigert wird – nutzen Sie dieses Argument.

Tipp 11: Nutzen Sie als Kundenserviceverantwortlicher dann auch das Potenzial einer App und prüfen Sie, welche bisherigen Online Prozesse mit Web nicht möglich waren und mit einer App realisiert werden können. Sie werden erstaunt sein, welchen Mehrwert für Self-Service-Lösungen eine gute App liefern kann.

Tipp 12: Analysieren Sie kontinuierlich die Daten aus den Online Journeys. An welchen Stellen gibt es Drop Outs bei Ihren Kunden? Wo verlieren Sie Sales Effekte? Wo gibt es Themen, die noch nicht abgedeckt sind? Erst mit dieser Herangehensweise erzielen Sie nachhaltige Ergebnisse im Sinne der Kunden.

Fazit: Web und App Strategien sind essenzieller Bestandteil einer Kundenservicestrategie und müssen wie diese kontinuierlich analysiert und optimiert werden. Mit einer nachhaltigen Herangehensweise und Berücksichtigung der oben angeführten Tipps hoffe ich Ihnen einen kleinen Leitfaden für eine erfolgreiche Online-Kundenservice Strategie gegeben zu haben. Und bei alledem:

„Nimm an, was nützlich ist. Lass weg, was unnütz ist. Und füge hinzu was Dein Eigenes ist." – Bruce Lee

Carlos Carvalho (Senior Berater)

Tipp 360: Optimales Kundenrouting für mehr Effizienz und Kundenzufriedenheit

Die Ziele, die im Kundenservice verfolgt werden, sind relativ einfach zu benennen. Die Sicherstellung der Erreichbarkeit bei hoher Effizienz und gleichzeitig optimaler Kundenzufriedenheit. Auch die Salespotenziale sollen maximal ausgeschöpft werden. Diese Ziele sollten in jedem Fall in einer Kundenservicestrategie definiert sein. Aber setzen Sie wirklich Ihre Strategie konsequent und zielgerichtet um, besonders im Kontaktkanal Telefonie (der bei den meisten Unternehmen immer noch die Hauptlast aller Kundenkontakte im Service trägt)?

Die Dimensionen Kundenzufriedenheit, Effizienz und Sales in den Fokus des Kundenservice zu rücken, darüber sind sich in der Regel alle einig. Unternehmen sollten sich daher im Klaren darüber sein, wie sie ihre Kunden im Voiceportal empfangen und welcher Weg dem Kunden dort angeboten wird. Der Kunde hat die Erwartung, dass sein Anliegen schnell, einfach und transparent gelöst wird. Danach sollte das IVR (Interactive Voice Response) Menü ausgerichtet werden.

Welcher Weg ist für den individuellen Kunden der Richtige?

Das impliziert drei Dinge:

1. Den Kunden identifizieren.
2. Das Anliegen des Kunden erkennen.
3. Dem Kunden den optimalen Weg anbieten.

Um ein optimales Kundenrouting zu gewährleisten, sollten diese drei Punkte möglichst in „Echtzeit" beantwortet werden können. Werden diese Fragen also ad hoc beantwortet, ist bereits ein wesentlicher Schritt für die Zufriedenheit getan.

1. Den Kunden identifizieren

Um den Kunden bestmöglich durch das Eingangsportal zu begleiten, ist es von großer Bedeutung, ihn direkt zu identifizieren. Eine IVR kann genutzt werden, um den Anrufer anhand seiner Rufnummer oder Kundennummer (idealerweise automatisch) zu identifizieren. Alternativ kann durch einen kundenfreundlichen Dialog um die Eingabe per Sprache oder Tasten gebeten werden. Wichtig ist es, den Dialog transparent zu halten, der Kunde soll den Vorteil verstehen können, den er durch eine schnelle Identifizierung genießt. Je mehr Informationen Sie über den Anrufer durch die Identifizierung nutzen können, desto besser.

2. Das Anliegen erkennen.

Ist der Kunde nun identifiziert, sollte seine Historie in Echtzeit analysiert werden. Hierzu werden die Informationen benutzt, die bereits in Datenbanken und Systemen (die mit dem Voiceportal verknüpft sind) vorliegen.

- In welchem Status des Lifecycles befindet sich der Kunde? Hat er zum Beispiel gerade eine Bestellung offen, gibt es in seiner Region gerade eine Störung, ...?
- Läuft sein Vertrag aus, oder hat er gekündigt? Macht es also Sinn, mit ihm neben seinem eigentlichen Anliegen auch über eine Vertragsverlängerung zu sprechen, oder ruft er gar gerade deshalb an?
- Ist ein Kundenvorgang noch offen oder liegt sein letzter Anruf erst wenige Stunden bzw. Tage zurück? Ruft er wahrscheinlich deshalb an?

Wenn eine direkt zuzuordnende Information vorliegt, sollte diese genutzt werden, um den Sprachdialog individuell aufzubauen. Liegt beispielsweise die letzte Rechnung deutlich über dem Durchschnitt, wäre dieses ein Indiz, um den Anrufer direkt in ein Sales-Team zur Beratung zu transferieren. Direkte Fragen wie: „Haben Sie Fragen zu Ihrer letzten Rechnung?", können dem Kunden einen schnellen Transfer ohne weitere Fragen ermöglichen.

Fragen Sie den Kunden daher, ob möglicherweise das Ergebnis der „Echtzeit-Analyse" der Grund seines Anliegens ist. Sie können dem Anrufer so mit hoher Wahrscheinlichkeit weitere Schritte in der IVR ersparen und ihn direkt zum Ziel seiner Lösung routen.

Aber auch wenn kein Anliegen auf Basis der Kundendaten vorhergesagt werden kann, sollte der Dialog zur Erkennung des Kontaktgrundes möglichst auf zwei Fragen beschränkt werden – die wenigsten Kunden mögen ellenlange Frage-Antwort-Dialoge über mehrere Ebenen.

Die Anliegenerkennung sollte aus Kundensicht also immer möglichst „schnell, einfach und transparent" gestaltet sein.

3. Dem Kunden den optimalen Weg anbieten

Es sollte die Flexibilität geboten werden, den Lösungsweg selbst zu finden. Möglicherweise hat die Identifizierung bereits erkannt, dass der Anrufer eine hohe Affinität zu digitalen Prozessen besitzt, da er diese in der Vergangenheit bereits genutzt hat. Wenn jetzt noch passend zu seinem Anliegen ein performanter volldigitaler Prozess angeboten werden kann, findet der Kunde „schnell und einfach" zu seiner Lösung. Jedem Kunden sollte die Wahlfreiheit geboten werden, sein Anliegen digital oder manuell in einem persönlichen Dialog mit einem Mitarbeiter zu lösen. Das sorgt für Individualität und Wertschätzung.

Durch die richtige Strategie und den passenden Einsatz von Technologie werden schon bei der Kontaktaufnahme des Kunden die Weichen für ein positives Kundenerlebnis stellen. Er bekommt schnell und einfach die Lösung über den Weg seiner Wahl (digitaler Prozess oder persönlicher Mitarbeiter).

Bei ausgereiften digitalen Prozessen ermöglicht das eine hohe Effizienz im Kundenservice bei gleichzeitiger Ausschöpfung der Salespotenziale. Und nicht zu vergessen, zufriedene Kunden!

Stephan Plass (Senior Berater)

Tipp 361: Kommunikation ist wichtig. Immer und in jeder Situation.

E inleitend möchte ich mit einem Zitat beginnen, welches jeder von uns schon einmal gehört hat: „Nur sprechenden Menschen kann geholfen werden." Doch welche Möglichkeiten gibt es im Customer Service, dieses Zitat umzusetzen und wie kann es helfen, Ergebnisse nachhaltig zu verbessern sowie neue Erfolge herbeizuführen?

Folgende Situation ereignete sich vor wenigen Wochen am Frühstückstisch meines Elternhauses. Gemeinsam mit meinem Vater (60) sowie meiner kleinen Schwester (4) saßen wir am Tisch und wollten das Frühstück beginnen, als meine Schwester offen ihr Unbehagen über das ihr zur Auswahl stehende Essen kundtat. Verständlich. Hätten wir doch eigentlich wissen müssen, dass sie viel lieber Cornflakes statt Brot zum Frühstück isst. Folgender Dialog entstammt meinen Erinnerungen an diesen Morgen:

> Schwester: *Ich möchte kein Brot essen, Papa!*
> Vater: *Du musst aber etwas frühstücken. Damit du groß und stark wirst mein Schatz.*
> Schwester: *Ich möchte aber etwas anderes essen. Nicht dieses blöde Brot.*
> Vater: *Möchtest du dann vielleicht ein Knäckebrot, einen Apfel oder [...]*
> Schwester: *Nein. Das will ich nicht!*
> Vater: **Was möchtest du denn Essen?**
> Schwester: *Na Cornflakes. **Ist doch klar!***

Von außen betrachtet handelt es sich hierbei um eine Standardsituation. Das Kind möchte nicht das essen, was der Vater auf den Tisch gestellt hat. Der Vater bietet allerhand Alternativen an, bis das Kind letztlich sagt, was es denn wirklich essen möchte. Doch was nutzt uns diese Standardsituation, übertragen auf die Kommunikation zwischen Führungskraft und Agent*in? Und wie können sich KPIs durch Mitarbeitergespräche und die daraus resultierenden Coachings nachhaltig verbessern?

Vorab möchte ich erwähnen, dass diese Form der Analogie keineswegs eine Kommunikation in der "Eltern-Kind-Ebene" zwischen Teamleiter und Agent*in befürworten soll. Vielmehr soll uns das oben genannte Beispiel lehren, wie wichtig es innerhalb der Kommunikation zwischen Sender und Empfänger ist, offene Fragen zu stellen und individuell auf jede Person einzugehen.

Ebenfalls eine Standardsituation, die ich im Laufe der Jahre bereits sehr oft mit angesehen habe. Ein Mitarbeiter tut offen seinem Unmut kund, der Teamleiter sitzt vor seinem PC und ruft dem Agenten zu, er solle es einfach einmal auf einem anderen Weg versuchen. Ein Beispiel für diese Situation:

Mitarbeiter: *Ich kann den Kunden am Telefon einfach nichts verkaufen!*
Teamleiter: *Du musst aber! Es ist wichtig, dass du unseren Kunden Angebote machst, um zum Erfolg beizutragen.* **Versuche es einfach mal mit einer anderen Abschlussfrage.**
Mitarbeiter: **Ok.**

Doch wo ist die Analogie zu dem Gespräch zwischen meinem Vater und meiner Schwester? Nun, wie bereits zu Beginn festgestellt: Nur sprechenden Menschen kann geholfen werden. Woher weiß der Teamleiter denn überhaupt, wo die Herausforderung besteht? Vielleicht ist es ja gar nicht die Abschlussfrage, sondern die Brückenformulierung oder das Produktwissen, das zu einer geringen CVR führt.

Besser lässt sich die Problematik so angehen:

Mitarbeiter: *Ich kann den Kunden am Telefon einfach nichts verkaufen!*
Teamleiter: *Lass uns das gemeinsam einmal anschauen.* **Was denkst du denn, woran es liegt**, *dass du nichts verkaufen kannst?*

Eine Offene Frage: Der Teamleiter nutzt eine offene Frage, um herauszufinden, woran es liegt, dass der Mitarbeiter nichts verkaufen kann.

Mitarbeiter: *Ich weiß es nicht. Für mich ist es einfach sehr schwer vom Service in die Produktberatung überzugehen.*

Teamleiter: *Das bekommen wir gemeinsam hin! Ich setze mich gleich zu dir.* **Zusammen finden wir die Überleitungen, die zu dir passen!**

Wie können Teamleiter nun also die Performance von Mitarbeitern durch Kommunikation nachhaltig verbessern?

- Aktives Zuhören
- Offene Fragen stellen
- Individuell auf Herausforderungen eingehen und keine pauschalen Antworten geben
- Aktives verbessern von Performance-Werten durch Individuelle Coachings

Leider beobachtet man viel zu oft, dass Teamleiter in Zahlen vertieft sind, anstatt sich aktiv mit den Mitarbeitern zu beschäftigen. Coachings gibt es höchstens alle paar Wochen und nur dann, wenn der Projektleiter sich Mal wieder über die Zahlen beschwert. Doch können wir dieses Problem wirklich nur durch Kommunikation lösen? Die kurze Antwort darauf lautet: Ja!

Zusammengefasst: Alle haben die Chance, nachhaltig Dinge zu verändern. Jedoch nur dann, wenn ausreichend kommuniziert wird. Verhaltensmuster ändern sich nicht von jetzt auf gleich, können allerdings an- und abtrainiert werden. Wie? Durch Sprache. Denn nur sprechende Menschen können helfen und nur sprechenden Menschen kann geholfen werden.

Aaron Schmidt (Junior Berater)

Tipp 362: Chatbots im Kundenservice

Chatbots lassen sich in fast allen Bereichen einsetzen, in denen schriftlich miteinander kommuniziert wird. So haben die meisten Onlineshops einen Chatbot integriert, um zu jeder Tageszeit die häufigsten Kundenfragen schnell beantworten zu können und damit das Kauferlebnis des Kunden zu verbessern. Im Human Resources Bereich helfen Chatbots dabei, den Recruiting-Prozess zu begleiten und für Bewerber zeitnah Informationen zum weiteren Ablauf zur Verfügung zu stellen.

Es geht also immer darum, möglichst schnell auf eine Anfrage zu antworten. Gerade im Kundenservice stehen Kundenzufriedenheit, NPS und Loyalität des Kunden im direkten Zusammenhang mit der Erreichbarkeit und Antwortzeit der Servicemitarbeiter. Ob der Chatbot hier die komplette Kommunikation übernimmt oder nur bis zum Human Handover führt, spielt dabei oft keine Rolle. Der Moment, in dem die Antwort nach wenigen Sekunden beim Kunden eintrifft, gibt vielen Kunden das Gefühl von Wertschätzung.

Technologisch ist heute fast alles möglich, aber für einen erfolgreichen Chatbot ist eine klare Strategie notwendig. Wenn sich bereits einige wenige Fragen automatisiert beantworten lassen, werden im Kundenservice enorme Ressourcen frei.

Was ist also notwendig, um beim Kunden dieses Erlebnis zu schaffen?

Um den Einsatz eines Chatbot in Ihrem Kundenservice vorzubereiten, ist eine umfangreiche Analyse der vorhandenen Serviceprozesse hinsichtlich einer möglichen Automatisierung mittels Chatbot notwendig. Dabei ist es wichtig die verschiedenen Eingangskanäle und die Kontaktgründe zu betrachten, die technischen Optionen zu prüfen und die Wirtschaftlichkeit zu bewerten.

- Welches Ziel wird verfolgt?
- Welchem Zweck dient der Chatbot (Anwendersicht)?
- Wie sieht die Zielgruppe aus?

- Welche Erfolgskriterien müssen erfüllt werden?
- Welche Einschränkungen gelten?
- Welche Schnittstellen gibt es? Wie werden sie bedient?

Bei einem Chatbot handelt es sich um eine Software, die auf vorhandene Prozesse und Fachwissen menschlicher Experten im Kundenservice zurückgreift. Chatbots können durch den Einsatz von KI lernen und sind jederzeit trainier- und erweiterbar. Für die Entwicklung und Implementierung spielt das richtige Erwartungsmanagement eine entscheidende Rolle. Obgleich die Automatisierung der häufigsten Kontaktgründe den größten Mehrwert für Unternehmen darstellt, ist es sinnvoll, mit einem einfachen Anwendungsfall zu beginnen und im Laufe der Zeit Funktionserweiterungen vorzunehmen.

Wie hilft der Chatbot Ihren Kunden?

Der Chatbot analysiert die Anfragen des Kunden und sucht nach passenden Antworten. Einfache Chatbots sind lediglich in der Lage, im Vorfeld definierte Keywords oder Satzfragmente zu erkennen und die damit fest verknüpften Antworten auszugeben. Durch den Einsatz Künstlicher Intelligenz (KI) ist es möglich, selbstlernende Chatbots zu realisieren. Durch ständiges Training und die Analyse des Feedbacks der Anwender kann der Chatbot die erhaltenen Anfragen verstehen und komplex darauf reagieren. Aufbauend auf einer Wissensdatenbank findet der Chatbot durch Trainings Lücken in der Erkennung der Fragen und Antworten. Durch diese Optimierung kann der Chatbot dem Kunden immer bessere und relevantere Antworten liefern.

Chatbots können somit Ihren Kunden die wichtigsten Informationen jederzeit zur Verfügung stellen und Ihren Kundenservice entlasten. Die Einsatzmöglichkeiten sind nicht auf einzelne Bereiche begrenzt, sondern decken einen großen Bereich an unterschiedlichen Dienstleistungen für den Kunden ab.

Andreas Mai (Berater)

Tipp 363: Erfüllung der datenschutzrechtlichen Informationspflichten bei telefonischer Kontaktaufnahme zur Terminvereinbarung

Viele Kunden greifen gerne zum Telefon, um einen Termin z.B. in einer Arztpraxis oder beim Friseur zu vereinbaren. In vielen Fällen werden im Rahmen dieses Gesprächs personenbezogene Daten erfasst und weiterverarbeitet, zum Beispiel, wenn die Daten in einem elektronischen Kalender gespeichert werden und der Anrufer später per E-Mail oder SMS eine Terminbestätigung erhält.

Im Anwendungsbereich der DSGVO sind bei Verarbeitung der personenbezogenen Daten datenschutzrechtliche Informationspflichten zu beachten. Hierunter fällt auch das Speichern von Namen und Telefonnummern in einem Datenverarbeitungssystem – wie einem elektronischen Terminkalender.

Es stellt sich jedoch die Frage, wie weit die Informationspflichten bereits bei der Erhebung und Verarbeitung der personenbezogenen Daten des Anrufenden (wie Name und Telefonnummer) gehen.

In Art. 13 Abs. 1 und 2 DSGVO heißt es dazu:

Werden personenbezogene Daten bei der betroffenen Person erhoben, so teilt der Verantwortliche der betroffenen Person zum Zeitpunkt der Erhebung dieser Daten Folgendes mit:

- den Namen und die Kontaktdaten des Verantwortlichen sowie gegebenenfalls seines Vertreters;
- gegebenenfalls die Kontaktdaten des Datenschutzbeauftragten;
- die Zwecke, für die die personenbezogenen Daten verarbeitet werden sollen, sowie die Rechtsgrundlage für die Verarbeitung;

- wenn die Verarbeitung auf Artikel 6 Absatz 1 Buchstabe f beruht, die berechtigten Interessen, die von dem Verantwortlichen oder einem Dritten verfolgt werden;
- gegebenenfalls die Empfänger oder Kategorien von Empfängern der personenbezogenen Daten und
- gegebenenfalls die Absicht des Verantwortlichen, die personenbezogenen Daten an ein Drittland oder eine internationale Organisation zu übermitteln, sowie das Vorhandensein oder das Fehlen eines Angemessenheitsbeschlusses der Kommission oder im Falle von Übermittlungen gemäß Artikel 46 oder Artikel 47 oder Artikel 49 Absatz 1 Unterabsatz 2 einen Verweis auf die geeigneten oder angemessenen Garantien und die Möglichkeit, wie eine Kopie von ihnen zu erhalten ist, oder wo sie verfügbar sind.

Zusätzlich zu den Informationen gemäß Absatz 1 stellt der Verantwortliche der betroffenen Person zum Zeitpunkt der Erhebung dieser Daten folgende weitere Informationen zur Verfügung, die notwendig sind, um eine faire und transparente Verarbeitung zu gewährleisten:

- die Dauer, für die die personenbezogenen Daten gespeichert werden oder, falls dies nicht möglich ist, die Kriterien für die Festlegung dieser Dauer;
- das Bestehen eines Rechts auf Auskunft seitens des Verantwortlichen über die betreffenden personenbezogenen Daten sowie auf Berichtigung oder Löschung oder auf Einschränkung der Verarbeitung oder eines Widerspruchsrechts gegen die Verarbeitung sowie des Rechts auf Datenübertragbarkeit;
- wenn die Verarbeitung auf Artikel 6 Absatz 1 Buchstabe a oder Artikel 9 Absatz 2 Buchstabe a beruht, das Bestehen eines Rechts, die Einwilligung jederzeit zu widerrufen, ohne dass die Rechtmäßigkeit der aufgrund der Einwilligung bis zum Widerruf erfolgten Verarbeitung berührt wird;
- das Bestehen eines Beschwerderechts bei einer Aufsichtsbehörde;

- ob die Bereitstellung der personenbezogenen Daten gesetzlich oder vertraglich vorgeschrieben oder für einen Vertragsabschluss erforderlich ist, ob die betroffene Person verpflichtet ist, die personenbezogenen Daten bereitzustellen und welche möglichen Folgen die Nichtbereitstellung hätte und
- das Bestehen einer automatisierten Entscheidungsfindung einschließlich Profiling gemäß Artikel 22 Absätze 1 und 4 und – zumindest in diesen Fällen – aussagekräftige Informationen über die involvierte Logik sowie die Tragweite und die angestrebten Auswirkungen einer derartigen Verarbeitung für die betroffene Person.

Diese strengen Informationspflichten gelten allerdings nicht, wenn und soweit die betroffene Person bereits über die Informationen verfügt. Kein Problem ist daher, wenn z.b. ein Patient nach erfolgter Aufklärung in der Praxis einen Termin telefonisch vereinbart.

Eine weitere Ausnahme enthält vor allem Art. 62 der Erwägungsgründe zur DSGVO. Demzufolge erübrigt sich die Pflicht Informationen zur Verfügung zu stellen, unter anderem auch dann, wenn sich die Unterrichtung der betroffenen Person als unmöglich erweist oder mit unverhältnismäßig hohem Aufwand verbunden ist. Hier könnte man damit argumentieren, dass die Unterrichtung im Rahmen eines Telefonates mit einem unverhältnismäßigen Aufwand verbunden sei, weil dieses dann lange dauern würde und sich kaum ein Anrufer diese umfangreichen Informationen merken könnte.

Das unabhängige Datenschutzzentrum ULD mit Sitz in Schleswig-Holstein hat in einer Broschüre klargestellt, dass diese Pflichtinformationen nicht zwingend zum Zeitpunkt der Erhebung erteilt werden müssen. Es reiche aus, wenn dies im zeitlichen Zusammenhang zur Erhebung geschieht.

Ähnlich äußert sich das LFD Niedersachsen::

„Beschränkt sich der erste Kontakt mit der betroffenen Person auf eine Terminvereinbarung, müssen die Informationen noch nicht übermittelt

werden (auch nicht die Basisinformationen). Wird der Termin dann wahrgenommen, sind die Informationen zu erteilen."

Auch aus einem Statement des LDA Bayern ergibt sich Folgendes:

„Bei einem Anruf, beispielsweise beim Friseur zur Terminvereinbarung, ist also in der Regel von einer Kenntnis der bereitzustellenden Erstinformationen auszugehen. Dem Anrufer ist hier der Name des Verantwortlichen (nämlich des Friseurs) bekannt und er bestimmt den Zweck der Verarbeitung seiner Daten (das Festhalten des Namens und der Telefonnummer zur Terminvereinbarung) selbst. Eine Belehrung über potenzielle Betroffenenrechte erscheint hier noch entbehrlich, da weitergehende Daten noch nicht erhoben sind."

Werden im Rahmen der Terminvereinbarung bereits weitere Daten z.B. zum Gesundheitszustand des Patienten oder zu Vorerkrankungen erfasst – geht die Datenverarbeitung also über die bloße Terminvereinbarung hinaus – sollten grundlegende datenschutzrechtliche Informationen dennoch bereits in dem Gespräch erfolgen.

Bei der Kontaktaufnahme am Telefon könnte man sich jedoch auf die Informationen zum Verantwortlichen, zu den Verarbeitungszwecken sowie den Betroffenenrechten beschränken. Bei den Betroffenenrechten genügt die exemplarische Nennung des Rechts auf Auskunft sowie des Rechts auf Löschung. Die weitergehenden Informationen können dann im Anschluss schriftlich zugesandt werden oder es wird auf eine Webseite mit den vollständigen Informationen hingewiesen.

Eine Information am Telefon könnte zum Beispiel so lauten:

„Wir [Name der oder des Verantwortlichen] verarbeiten Ihre personenbezogenen Daten, um [eine reibungslose und pünktliche Durchführung des Termins zu gewährleisten / Sie vor dem Termin noch einmal schriftlich / telefonisch / online zu erinnern] und erfassen Ihre Daten daher in unseren Systemen. Sie haben unter anderem das Recht, Auskunft über Ihre durch uns verarbeiteten Daten zu erhalten, sowie das Recht, dass diese Daten gelöscht werden, sofern sie zum Erreichen des genannten Zweckes nicht

länger erforderlich sind. Weitere Informationen finden Sie auf unserer Homepage unter www.abcde.de. "

Bei einer Umsetzung mit Augenmaß lassen sich also die Auswirkungen auf den Gesprächsverlauf auf ein Minimum reduzieren, ohne den Anrufer in seinen Rechten zu beschränken und unnötig das Risiko einer Sanktionierung einzugehen.

Felix Prömel (Principal)

Tipp 364: AHT, lass Dich nicht ausspielen!

Ja, der wichtigste Key Performance Indikator im Contact Center ist die First Contact Resolution Rate, also die Rate der Anfragen, die direkt beim ersten Mal gelöst werden. Das wünscht sich jeder Kunde und wenn das gegeben ist, sind ihm auch andere Faktoren wie z.b. die Wartezeit nicht mehr so ein Dorn im Auge. Und ja, es macht keinen Sinn, die AHT auf Kosten solcher KPIs zu drücken. Dazu gehört auch die Conversion Rate beim Sales im Service.

Aber wie ist denn hier wirklich der Zusammenhang zwischen AHT und diesen und anderen KPIs? Wie oft habe ich schon den Spruch gehört: „Also, wenn wir jetzt noch in der AHT runter sollen, dann geht das nur auf Kosten der Qualität." Wie sehen hierzu Ihre Erfahrungen aus? Ich kann Ihnen sagen wie meine aussehen aus unzähligen Contact Center Projekten in den letzten 20 Jahren. Ich mache es kurz: Die Kundenberater mit den besten Kundenzufriedenheitswerten und den besten Sales-Ergebnissen haben – was glauben Sie – die besten AHT-Werte. Warum ist das so?

Wer den Kunden versteht und weiß was zu tun ist und den Kunden schnurstracks zum Ziel, also zur Lösung führt, der stellt den Kunden auch am meisten zufrieden. Denken Sie denn, Kunden wollen möglichst lang mit einem Contact Center sprechen? Eher geht es darum, schnell mit einer Lösung bedient zu werden. Beim Sales ist es genauso: Wer den Kunden gut durchs Gespräch führt, kann den Kunden auch zur Betrachtung von interessanten Angeboten führen und ein zufriedener, schnell bedienter Kunde kauft auch eher. Kurzum: Qualität korreliert nicht positiv, sondern negativ mit der Länge der Gespräche.

Wir haben das einmal getestet beim technischen Support für ein Telko-Unternehmen: Statt einer AHT Vorgabe haben die Kundenberater die Ansage bekommen, sich so viel Zeit für den Kunden zu lassen, wie Sie meinen. AHT Vorgaben durften den Kundenberatern tatsächlich in keinerlei Weise gemacht werden. Das Ergebnis: Die AHT wurde länger (wen wunderts?) aber die Kundenzufriedenheit blieb konstant. Halten Sie Ihre

Kundenservice Teams davon ab, die AHT gegen die Qualität auszuspielen. Bringen Sie ihnen lieber bei, wie man effizient zu einer Lösung kommt (fachlich) oder den Kunden kommunikativ führt. Das zahlt sowohl positiv auf die Effizienz (AHT) ein als auch auf Kundenzufriedenheit und Sales. Schauen Sie sich die AHT-Werte Ihrer besten Mitarbeiter in Bezug auf Qualität und Sales an. Sie werden es sehen.

Schließen möchte ich diesen Tipp mit einem meiner Lieblingszitate:

„Lieber Freund, entschuldige meinen langen Brief, für einen kurzen hatte ich keine Zeit." Johann Wolfgang von Goethe

Jonas Leismann (Principal)

Tipp 365: Für mich bitte einmal Messaging Voice Bot mit Linguistik al dente

Heute möchte ich Ihnen mit diesem Tipp der Woche einen Menüvorschlag unterbreiten, der anlog zur modernen Fusionküche ein paar bekannte Zutaten des Kundenservices neu miteinander verbindet.

Während die Verzahnung von unterschiedlichen Kunden-Touchpoints fortschreitet, indem unterschiedliche Anbindungen an einheitliche Backendsysteme geschaffen werden, um damit einheitliche Kundenerfahrungen zu schaffen, verschmelzen inzwischen auch die einzelnen Kanäle mit ihren eigenen Charakteristiken und Vorteilen immer mehr miteinander.

Erfolgte noch vor Jahren der typische Schriftkontakt im Wesentlichen isoliert per Mail oder Brief, war andererseits Sprache oder direkte Interaktion immer zwingend nur mit Telefonie verknüpft. Eine emotionale Komponente, welche gerade im Sales und bei kritischen Service-Anfragen als entscheidend angesehen wird, wurde bislang ebenso ausschließlich einem direkten Kunden-Agentenkontakt per Telefon attestiert und doch gibt es inzwischen auch hier Trends, welche dieses Dogma langsam aufbrechen.

Anliegen, die in einem Sprachportal initiiert oder abschließend gelöst werden, werden dem Kunden unmittelbar per Mail oder SMS bestätigt. Verkauf über einen Bot mit einem entsprechenden individualisierten Angebot ist mittlerweile keine Ausnahme und Apps oder Webseiten liefern Push-Benachrichtigungen, welche optional mit einer instant Callback-Option versehen sind.

Gleichzeitig zieht zudem auch AI immer mehr in all diese Interaktionen mit ein, sei es durch intelligenter werdende Chat-Bots aber auch Sprachportale mit immer besser werdender Intent-Erkennung und Antwort/Sprachqualität sowohl in Inhalt und Ton.

Chat und IVR haben aber auch einen entscheidenden Nachteil – es sind synchrone Kanäle d.h. der Kunde erwartet in der Regel eine sofortige Lösung seines Anliegens in diesem Moment, andernfalls muss der Kunde an einen Mitarbeiter weitergeleitet werden. Optional kann der Kunde zwar zu einem späteren Zeitpunkt nochmals anrufen, aber jede bislang erfolgte Kommunikation, ob im Sprachportal als auch im Chat, ist dann verloren bzw. nicht mehr verfügbar.

Ein asynchroner Kanal wie Messaging hat hier einen Vorteil, da er zum einen bei Unterbrechung die Informationen für beide Seiten speichert und eine sofortige Antwort aus Kundensicht nicht erwartet wird. Messungen zeigen, dass hier Zeiträume bis zu vier Stunden von Kunden als absolut unkritisch angenommen werden. Somit können Kundenanliegen, welche eine längere Recherche oder Bearbeitungszeit bedingen (z.B. die Nachprüfung der Erstattungsberechtigung einer Arztrechnung), durch eine Versicherung oder der Umzug eines DSL-Anschlusses zu neuer Technologie mit entsprechenden Aktivierungszeitpunkten und Technikertermin) in einer einzigen Kommunikation als auch transparent für den Kunden nachhaltig verfügbar bleiben.

Parallel schafft man mit dieser Lösung aber auch Ansatzpunkte für die Bearbeitung im Rahmen von Automatisierung und/oder mit AI abzubilden, da bestimmte Abfragen oder Verarbeitungen nun ohne Zeitdruck auf Echtzeitabfragen in den Systemen mit entsprechenden APIs gegebenenfalls komplett ohne eine Interaktion eines Agenten in einer Schattenverarbeitung erfolgen können.

Dies stellt zwar veränderte Anpassungen und Anforderungen an die Systeme und hier insbesondere in dem Zusammenspiel der Backend-Systeme mit RPA/AI als auch den Frontend- sowie Kunden-Touchpoints, aber wie erwähnt ist der Aufwand einer Echtzeit API-Schnittstelle deutlich höher einzustufen.

Nun möchte ich dieser Basis eine weitere Zutat hinzufügen, welche einen bislang nicht so sichtbaren Trend aufzeigt und dennoch immer mehr an Bedeutung gewinnt. Vermutlich haben Sie es selbst schon einmal erlebt oder nutzen es verstärkt. Ich spreche hier von Voice-Nachrichten in

Messaging Kanälen. Damit meine ich nicht die Voiceover-LTE (VoLTE) Lösungen, sondern dem Trend auch in Messaging Diensten nicht mehr nur zu schreiben, sondern Sprachnachrichten aufzunehmen und diese im Anschluss zu versenden.

Mittlerweile nimmt der Anteil der gesprochenen Sprachnachrichten in den Messaging Diensten kontinuierlich zu. Wesentliche Gründe sind hier, dass Sprechen in der Regel schneller geht als Schreiben, man nicht mit Blick auf einen Bildschirm auf einer für viele zu klein dimensionierten Tastatur längere Texte schreiben möchte und den Vorteil emotionaler Kommunikation durch Sprache einbindet.

Und hier entsteht eine interessante Option der Verschmelzung von zwei Kanälen, welcher die Vorteile beider Welten miteinander verknüpfen kann:

- Der Kunde hat über Messaging gefühlt keine Öffnungs- und Wartezeiten, weil er jederzeit diesen Kontaktkanal einfach auf seinem Smartphone aktivieren und nutzen kann. Das Smartphone ist selten weit weg und oft in Dauernutzung.
- Während eine IVR ein Kundenanliegen identifizieren kann, aber einen synchronen Kanal darstellt, welcher eine unmittelbare Antwort erfordert, kann hier Messaging wie vorher erwähnt einen größeren Self-Service Anteil ohne Agenteninteraktion ermöglichen.
- Der Kunde muss seine Anfrage bzw. sein Anliegen nicht in langen Texten auf dem Smartphone (be)schreiben, sondern kann dies per Sprache durchführen. Diese wird ebenso im Messaging Verlauf gespeichert, sodass er volle Transparenz über die Kontakthistorie behält. Der Kunde hat somit die sofortige Bestätigung, dass seine Nachricht abgesendet, empfangen und auch gelesen wurde.
- Die benötigte Technologie mit Speech-to-Text (STT) Schnittstellen und Natural Language Programming (NLP) hierfür ist mittlerweile in vielen IVRs etabliert und arbeitet sehr zuverlässig.

- Identifizierung/Authentifizierung der Kunden ist ebenso durch z.B. eine Mobilfunknummer welche die Messaging-App nutzt als auch dann durch Biometrie (Fingerabdruck oder Face-Detection auf dem Smartphone) aber auch Sprachbiometrie-Verifizierung des aufgenommenen Textes möglich.

Ein wesentliches Element ist, wie erwähnt, aber auch der emotionale Aspekt einer Kunden-Kommunikation. Hierbei hat Sprache eine ganz wesentliche Aufgabe und gerade hier trennt sich oftmals die Spreu vom Weizen in der automatisierten Bearbeitung: Die Intent-Erkennung, ob über IVR oder Online funktioniert zwar weitestgehend, aber der Kunde wird in seinem emotionalen Status oft nicht erkannt und abgeholt.

Auch hier kann analog zu einem Sprachportal der emotionale Status des Kunden durch Sprachanalyse des gesprochenen Textes besser zugeordnet werden, um daraus eine Entscheidung abzuleiten, ob der Kunde in diesem Fall nicht besser zu einem Agenten weitergeleitet wird, da eine Eskalation wahrscheinlich wird.

Auf Basis dieser Erkennung kann auch die Antwort auf die Kunden emotional besser angepasst werden. Hier empfiehlt sich eine gute Linguistik-Analyse bzw. Verarbeitung.

Sprachportale haben hier meist einen Nachteil: Die Verarbeitung der Daten in Echtzeit inklusive der Abfrage in den Backends parallel zu einer Intent- und Stimm(ungs)analyse benötigt Systemperformance und derzeit bringt dies bei großen Datenmengen auch ausgereifte Systeme in die Knie. Und genau hier haben wir wieder den Vorteil über Messaging-Voice, als asynchronen Kanal zusätzliche Bearbeitungszeit und Puffer in den Systemen zu schaffen, ohne dass der Kunde dies als negativ empfindet.

Was bei alledem nicht vergessen werden darf ist, dass wir hier nicht bis ins Unendliche gehen können und selbst im Messaging bestimmte Wartezeiten auf Antworten nicht überschritten werden sollten. Diese können von Use Case zu Use Case unterschiedlich aussehen und es macht Sinn, dem Kunden bei zu erwartender Überschreitung entsprechende Vorabinformationen bereitzustellen.

Ebenso ist es generell wichtig, wie automatisierte Kundenanfragen aus einer AI heraus inhaltlich und emotional konzipiert werden. Hierzu empfiehlt es sich, den Bereich Linguistik Analysis genauer anzuschauen und hier sowohl bei der Intent-Erkennung als auch bei der Antwort auf Formulierungen und Tone-of-Voice kontinuierlich zu optimieren.

Optional kann man auch – wenn es sich anbietet – die Antworten an die Kunden ebenso als Voice Message offerieren. Hierfür bieten sich Speech Synthetic Markup Language (SSML) Lösungen, die mittlerweile zum Teil auch als Module moderner IVR Systeme einzeln verfügbar sind.

Zum Abschluss nun die wichtige Frage: Ist Voice Messaging für mich eine Lösung?

Unser Tipp: Voice Messaging ist nicht ein Allheilmittel und für alle Unternehmen, Kundenanliegen und für Kundenserviceeinheiten ebenso gleichermaßen nicht immer eine gute oder sinnvolle Lösung.

Aber wie bei Fusionküche hängt es stark von persönlichen Präferenzen ab und kann es gerade für den eigenen Bedarf unter Berücksichtigung den genannten Vorteilen eine interessante und innovative Lösung und Abwechslung zu bestehenden Kommunikationsstrategien darstellen.

Wichtig dabei ist immer zu prüfen, welchen Mehrwert es im Vergleich zum Aufwand bietet und ob insbesondere hierdurch Kundenerfahrungen verbessert und auch die eigenen (Kundenservice)Ziele optimiert werden.

Carlos Carvalho (Senior Berater)

Tipp 366: Was ein Kundenservice-Mitarbeiter wirklich können muss

Das aktuellste in der heutigen Welt des Kundenservice, die Themen, über die alle sprechen und die alle auf der Agenda haben oder glauben haben zu müssen, sind oftmals sehr technischer Natur: Chatbots, künstliche Intelligenz, Robotics beispielsweise. Mit Recht, denn durch den gezielten, durchdachten und sinnhaften Einsatz dieser Werkzeuge können Sie Ressourcen und Kosten sparen, Service verbessern und Ihre Kunden zufriedener machen.

Kein Jahr und keine Call Center World vergeht ohne neue, bahnbrechende Innovationen (oder manchmal leider auch nur ohne alten Wein in neuen Schläuchen, der aber fancy und hip als DIE neue Technologie beworben wird, die Sie unbedingt haben müssen).

Die Schlüsselkomponente im Kundenservice ist und bleibt (vorerst) der Mensch

Was wir dabei nicht vergessen dürfen: In den Kundenservices der meisten Unternehmen stellt der persönliche Kontakt immer noch den Großteil aller Kundeninteraktionen – und das wird sicherlich noch einige Zeit so bleiben. Wir sprechen hier von der Bearbeitung schriftlicher Kontakte (allen voran Emails und Chats, die ein Bot nicht oder noch nicht lösen kann) und vor allem von Telefonaten. Der Mensch ist heute (und wird das auf absehbare Zeit auch noch sein) in den meisten Unternehmen die wichtigste Ressource, um für Ihre Kunden da zu sein.

Selbstverständlich werden Sie Ausnahmen finden. Junge Unternehmen, die ihren Service von vornherein so digital und schlank aufgestellt haben, dass tatsächlich vieles im SelfService oder mit Bots funktioniert. Oft haben solche Unternehmen ein eher schmales, spitzes, definiertes Produktportfolio und ebensolche Prozesse. Doch unter uns: Diese Vorbilder sind zwar spannend und innovativ, aber noch vergleichsweise selten.

Was muss also ein Kundenservice-Mitarbeiter, ein Callcenteragent, der Kern Ihres Kundenservice, denn aber nun wirklich können? Was sind sein Core-Kompetenzen? Was sind seine echten und allem zugrunde liegenden Skills, was zeichnet ihn gegenüber anderen Berufsgruppen wie Bäcker, Installateur oder Verwaltungsfachangestellten aus?

Viele Unternehmen legen beim Recruiting den falschen Schwerpunkt: Fachwissen

In unserer Beratungspraxis erleben wir oft, dass bei der Auswahl von Service-Mitarbeitern diese Fragen vorab nicht gestellt oder die falschen Antworten gefunden wurden. Denn es wird beim Recruiting oftmals versucht, die Mitarbeiter zu finden, die augenscheinlich die fachlich besten Voraussetzungen für den späteren Service mitbringen. Das sind beispielsweise für den technischen Service eines Telekommunikationsanbieters Kandidaten, die sich gut mit Mobiltelefonen, Apps oder DSL-Routern auskennen, die vielleicht echte Techniknerds sind. Oder es sind in der Welt der Energieversorger ehemalige Techniker, die nun im Büro weiterarbeiten möchten oder sollen – denn die sind meist mit allen Feinheiten von „Verkabelung", „Verrohrung" und den Inhalten von Schaltkästen und -schränken vertraut.

Damit wir uns nicht falsch verstehen: Selbstverständlich ist ein grundlegendes Verständnis der jeweiligen Materie, also zum Beispiel von technischen Zusammenhängen in einem technischen Kundenservice, sinnvoll und wichtig. Aber ist das die Kernkompetenz, nach der wir suchen und die unsere Bewerberauswahl bestimmen sollte?

Die Kernkompetenz eines Kundenservice-Mitarbeiters ist: Kommunikation

Ja, selbstverständlich, werden Sie jetzt sagen. Es ist ja auch so naheliegend. Sind wir uns jedoch wirklich immer im Klaren, was das bedeutet und warum das so ist? Die Wahrheit ist: Gute Kommunikationsfähigkeiten sind DER Schlüssel zu all den Zielen, die im Kundenservice wichtig sind:

- Kurze Gesprächszeit / AHT: Gespräche sind meist dann kurz, wenn der Mitarbeiter in der Lage ist, das Gespräch proaktiv zu führen, die Struktur vorzugeben und gut zu erklären. Das beinhaltet eine gezielte und durch Fragen geführte Bedarfsanalyse und eine nachvollziehbare, strukturierte, zielgruppengerecht formulierte Beratung.

- Hohe (Erst)Lösungsquote: Gut geführte Beratungsgespräche (und hier geht es nicht um möglichst viele oder möglichst detaillierte fachliche Inhalte, sondern um ein gutes zielgruppengerechtes Gespräch) führen häufiger zur Lösung des Anliegens.
- Hohe Kundenzufriedenheit: Es versteht sich fast von selbst, dass Kunden mit gelösten Anliegen und einem positiven Serviceerlebnis zufriedener sind als Kunden, die einem fachlich hochversierten, aber einsilbigen Agenten erst alle wichtigen Informationen „aus der Nase ziehen" mussten.
- Guter Sales-in-Service: Ein Beratungs- oder Servicegespräch, in dem der Kunde sich verstanden und gut aufgehoben fühlt und in dem sein initiales Anliegen gelöst wurde, ist die beste Grundlage für Verkaufserfolge. Eine Binsenweisheit, möchte man meinen.

Und was ist mit den fachlichen Inhalten, könnten Sie jetzt – berechtigterweise – fragen? Die müssen Sie ihren Mitarbeitern natürlich auch beibringen, beziehungsweise sie in geeigneten Wissenstools zur Verfügung stellen. Ohne eine vollständige und nachvollziehbare Dokumentation von Fachwissen, Prozessen und Abläufen geht es nicht. Und selbstverständlich ist es wichtig, Ihre Mitarbeiter regelmäßig und intensiv zu Produkten und Prozessen zu schulen bzw. sie weiterzubilden.

Bedenken Sie aber: Einem Mitarbeiter mit einem gewissen technischen Grundverständnis können Sie vergleichsweise einfach die Spezifika Ihres Unternehmens und Ihrer Produkte vermitteln, und es ist letztlich egal, ob es sich dann um technischen Service für Mobiltelefone, Streamingdienste oder Kühlschränke handelt. Einen Mitarbeiter, der sich nicht ausdrücken kann oder der sich sehr schwer damit tut, ein Gespräch mit einem Fremden strukturiert und nachvollziehbar zu gestalten, werden Sie eher unwahrscheinlich zu einem Kommunikationsprofi machen.

Was sind „gute Kommunikationsfähigkeiten"? Einige Beispiele für Kommunikations-Kompetenz

Wir begeben uns hier auf ein weites Feld, ein sehr weites. Und ich gebe zu, ich bin kein ein Kommunikationstrainer. Ein paar grundlegende und wichtige Stichworte für gute Kommunikationsfähigkeiten eines Kundenservice-Agenten möchte ich Ihnen trotzdem aufzählen:

- Aktives Zuhören, W-Fragen stellen, das Gespräch aktiv führen und steuern
- Einfachheit und Klarheit in der Kommunikation
- Struktur in der Kommunikation (Beispiel: Wie nennt man Ziffernfolgen so, dass man sie bestmöglich versteht? „015254065011" oder „01 525 406 50 11"?)
- Erklären mit Analogien
- Freundlichkeit und Höflichkeit
- Die ELI5-Fähigkeit („explain it like I'm five years old")
- Die Problem-Lösung-Nutzen-Kommunikation
- Die „Weil"-Begründung
- …

Diese Liste ist sicherlich nicht abschließend und ließe sich beliebig fortsetzen. Worum es geht: Ein Mitarbeiter, der grundsätzlich in der Lage ist gut, sicher und nachvollziehbar zu kommunizieren und gewisse Kommunikationstechniken entweder beherrscht oder sich leicht aneignen kann, wird letztlich deutlich stärker auf Ihre Serviceziele einzahlen. Kommunikationsfähigkeiten hängen stärker von persönlichen Talenten und Eignungen ab als fachliche Fähigkeiten und sind schwerer und aufwendiger zu trainieren. Und sind zugleich der versteckte, mächtige Schlüssel zu einem erfolgreichen Kundenservice. Ein Schlüssel, der immer noch häufig hinter viel einfacher zu erkennendem und prüfbarem Fachwissen versteckt ist.

Die richtigen Recruiting-, Trainings- und Weiterbildungsschwerpunkte setzen

Bill Quiseng (www.billquiseng.com), ein ziemlich bekannter Kundenservicefachmann und -Blogger, beschreibt es so:

„Die erfolgreichsten Unternehmen investieren kontinuierlich in die Weiterbildung ihrer Mitarbeiter, um deren Soft Skills, wie beispielsweise aktives Zuhören oder Einfühlungsvermögen, zu fördern."

Denken Sie beim Recruiting von Service-Mitarbeitern also auch immer an deren Kommunikations-Skills. Sie sind die wahre Grundlage für guten Service und sind schwerer zu vermitteln als Fachwissen.

Viele Unternehmen neigen dazu, sowohl beim Recruiting als auch später in Training, Coaching und Weiterbildung der Fokus vor allem auf Fachliches zu legen. Produkte, Preise, Prozesse. Das ist nachvollziehbar, denn das ist einfach, diese Dinge sind meist klar erkennbar, sie können sie „wiegen und messen". Das ist mit den „weichen" Faktoren der Kommunikation oftmals schwieriger und bedarf auch bei Teamleitern, Trainern und Coaches entsprechender Fähigkeiten.

Nehmen Sie sich beispielsweise vor, bei der Mitarbeiterauswahl ganz bewusst auch auf die Ausdrucksfähigkeit eines Bewerbers zu achten, und bewerten Sie die weichen Faktoren der Kommunikation gleichwertig zu den harten Facts des Fachwissens oder der fachlichen Eignung.

Nehmen Sie sich beispielsweise vor, speziell in Coachings und Trainings ganz bewusst neben den harten Fakten auch immer gleich die passenden Argumentationshilfen, Erklärungen und Formulierungen mit zu beleuchten.

Gerhard Klose (Senior Berater)

Tipp 367: Dienstleister-Ausschreibungen oder RfP-Prozesse effizient gestalten

In unserer langjährigen Beratungspraxis haben wir etliche Dienstleister-Ausschreibungen und RfP-Prozesse begleitet. Die Erfahrungen, die wir dabei gemacht haben, lassen sich in einem Satz zusammenfassen: Eine gute Vorbereitung erspart später Ärger und Zeit. Wenn am Anfang der Scope beziehungsweise das Ziel nicht klar und eindeutig definiert und beschrieben ist, bedeutet das später im Prozess Nacharbeit und Mehraufwand und im ungünstigsten Fall auch noch höhere Kosten.

Warum ist das so? Grundsätzlich sind im Rahmen einer Zusammenarbeit zwischen Auftraggeber und Auftragnehmer immer folgende Punkte zu definieren und zu vereinbaren:

1) Auf welcher vertraglichen Grundlage erfolgt die Zusammenarbeit?

2) Wie sehen die kommerziellen Rahmenbedingungen dazu aus?

Zu 1): Als Auftraggeber hat man bestenfalls bereits eine vertragliche Grundlage, bei der die relevanten operativen Parameter definiert und beschrieben sind.

Das können zum Beispiel Folgende sein:

- Auf welcher Grundlage erfolgt das Qualitäts- und Trainingsmanagement?
- Wie sieht der operative Forecast- und Intradayprozess aus?
- Gibt es Regelungen zur Performance, Über- oder Untererfüllung hinsichtlich Qualität, Sales und Volumenabnahme (Erreichbarkeit, Service-Level, etc.)?

Sollte dies nicht der Fall sein, empfehlen wir dringend, vor Beginn des Ausschreibungsprozesses die Parameter klar und eindeutig zu definieren und sie auch schon in einem Vertrag zu beschreiben. Dies gilt umso mehr, wenn man nicht nur mit einem Auftragnehmer zusammenarbeitet, sondern mit zweien oder mehr. Denn das Ziel muss sein, dass alle

Auftragnehmer nach den gleichen vertraglichen Parametern gemanagt und gesteuert werden. Jeder Partner muss mit denselben Qualitäts- und Effizienz-Zielwerten bei gleichen Services gesteuert werden. Wenn man das vor dem Start der Ausschreibung nicht oder nur unzureichend berücksichtigt, überlässt das Interpretationsspielraum bei den am Ausschreibungsprozess beteiligten Anbietern. Diese rechnen dann entweder in ihrer Kalkulation gewisse Risikoaufschläge ein oder bei den Rückmeldungen der Ausschreibungsunterlagen ist das „Kleingedruckte" relativ lang. Was bedeutet, dass der Anbieter eigene Annahmen trifft, um sein Risiko bei der Preisabgabe zu minimieren.

Zu 2): Bei den kommerziellen Rahmenbedingungen gilt dasselbe wie unter 1). Als Auftraggeber gilt es, bei der Beschreibung der kommerziellen Rahmenbedingungen klar zu sein.

Folgende Aspekte sollten klar definiert werden:

- Wie sieht das Preismodell aus, z.B.: Preis pro Minute, Preis pro Vorgang, Preis pro FTE, Preis pro Stunde oder mögliche Gain-Share Preismodelle?
- Wie sind die Öffnungszeiten?
- Wie verteilt sich das Volumen im Intervall (Tag, Woche, Monat)?
- Gibt es eine Bonus-/Malus-Systematik und welche Parameter sind darin enthalten?
- Welche Qualitäts-KPI werden betrachtet, welche Sales-KPI gibt es und wie sehen Forecast- und Servicelevel- oder Erreichbarkeitsziele aus?

Je klarer und eindeutiger man diese Punkte als Auftraggeber in den Ausschreibungsdokumenten beschreibt, umso besser lassen sich potenzielle Risiken für einen Auftragnehmer einschätzen und in der Preisabgabe berücksichtigen.

Jeder Auftragnehmer, der sich an Ausschreibungen beteiligt, ist dankbar, je eindeutiger und klarer die Punkte unter 1) und 2) beschrieben und definiert sind. Aufgrund dessen kann er leicht ein realistisches und attraktives Angebot abgeben, da er die Risiken relativ gut einschätzen kann und nicht mit einkalkulieren muss. Unsere Erfahrung zeigt dabei auch, dass folglich die Spanne der Preisabgaben, zwischen höchstem und niedrigstem Preis, relativ gering sein wird.

Wer zu Beginn der Ausschreibung nicht klar und präzise in der Beschreibung dessen ist, was er als Auftraggeber erwartet und erreichen möchte, muss damit rechnen, dass auch die Rückmeldungen der Partner stark unterschiedlich sein werden.

Betrachten wir nun die Bewertung und Vergleichbarkeit der Angebote der potenziellen Auftragnehmer – die nächsten wichtigen Punkte:

Die Bewertung der Angebote der Anbieter erfolgt mittels einer Evaluierungsmatrix. Mithilfe einer Evaluierungsmatrix können die Rückmeldungen der Angebote der Dienstleister strukturiert und objektiv bewertet werden. Die Bewertung erfolgt dabei nicht nur auf Basis des kommerziellen Feedbacks (welche Preise wurden abgegeben), sondern beinhaltet alle für den Erfolg des Projektes relevanten Punkte, wie zum Beispiel Qualität und Qualitätskonzepte, Sales-Konzepte, Flexibilisierungskonzepte, Feedback zu vertraglichen Punkten, Projektmanagement-Konzept, etc. In der Evaluierungsmatrix werden dann alle relevanten Punkte gewichtet und mit Punkten versehen. Auf Basis dieser Bewertung erzielt man eine erste objektive Bewertung der Angebote und erhält ein Ranking. Hiermit lässt sich die Spreu vom Weizen trennen und man kommt relativ einfach von einer Longlist zu einer Shortlist. Dabei helfen die Ergebnisse der Evaluierungsmatrix, objektiv und strukturiert aufzuzeigen, warum man sich für welche Anbieter entschieden hat.

Da Papier jedoch geduldig ist, lässt sich festhalten, dass die Ergebnisse der Evaluierungsmatrix nicht den persönlichen Kontakt und persönlichen Eindruck ersetzen, den ein potenzieller Auftragnehmer hinter seinem schriftlichen Feedback der Angebote abgibt. Deshalb ist es ratsam, mit jedem Partner der Shortlist nochmals die Details des Angebots persönlich durchzusprechen sowie die handelnden Personen kennenzulernen. Wir haben häufig feststellen können, dass Anbieter, die im Ranking der Ergebnisse der Evaluierungsmatrix in der Shortlist auf den ersten Plätzen lagen, aufgrund ihres persönlichen Eindrucks und der Vorstellung der Lösungs-konzepte abgefallen sind beziehungsweise weniger überzeugen konnten. Ebenso konnten Anbieter, die im Shortlist-Ranking weiter hinten lagen, ihre Leistungen besser und nachvollziehbarer darlegen und mehr überzeu-gen und folglich im Ranking nach vorne kommen.

Wenn man sich dann final für einen Partner entschieden hat, geht es darum, den Vertrag und alle Rahmenbedingungen abschließend zu ver-handeln. Das geht müheloser, wenn die oben aufgeführten Punkte unter 1) und 2) bereits detailliert beschrieben wurden. Die offenen Punkte sind bekannt und ermöglichen es, zeitnah einen Vertrag unterzeichnen zu kön-nen.

Zusammenfassend bleibt zu sagen, dass eine detaillierte Ausarbeitung der Ausschreibung mit klaren Beschreibungen der Anforderungen des Auf-traggebers eine sich auszahlende Vorgehensweise ist, um den richtigen neuen Anbieter zu finden. Eine strukturierte Evaluierungsmatrix hilft da-bei, konkret festzulegen, welche Kriterien eine Relevanz bei der Bewer-tung und Analyse der Angebote und der Eingrenzung auf die richtigen Part-ner haben. Der persönliche Kontakt und das Kennenlernen der beteiligen Personen und Rollen sowie das konkrete Lösungskonzept des Auftragneh-mers dienen dann abschließend dazu, sich ein Bild davon zu machen, mit welchem Anbieter die Ziele des Auftraggebers am besten erreicht werden können.

Jürgen Marx (Senior Berater)

Tipp 368: Kundenservice auf Social Media: Gewusst wie

Knapp 50 Prozent der Deutschen – rund 39 Millionen Menschen – nutzen soziale Medien aktiv. Besonders aktiv werden Facebook, Instagram, Twitter etc. von der für Unternehmen relevanten Gruppe der 18 bis 44-jährigen genutzt.

So ist es kaum verwunderlich, dass Unternehmen die sozialen Medien nicht nur für Werbung nutzen, sondern auch immer öfter Kundenserviceleistungen anbieten. Gerade Unternehmen mit großer Kundenbasis betreiben häufig verschiedene Accounts auf ein und derselben Plattform. Auch Kunden nehmen zur Lösung ihrer Anliegen immer häufiger Kontakt über ein soziales Netzwerk mit einem Unternehmen auf, statt wie bisher zum Telefon zu greifen.

Wie auf den klassischen Kundenservicekanälen gibt es einige entscheidende Dinge zu beachten:

1. Geschwindigkeit

Gerade auf Social Media ist eine schnelle Reaktionszeit von überragender Bedeutung. Ganz unabhängig davon, ob ein User Ihr Unternehmen taggt, weil ihm die neue Modekollektion gefällt oder ob er seinen Unmut über eine erhöhte Rechnung äußert. Wenn sie diesen Grundsatz nicht beherzigen riskieren Sie, dass die Kunden online bald nicht mehr mit, sondern nur noch über Sie reden werden.

2. Interne Koordination

Gerade große Unternehmen nutzen die Sozialen Medien für viele verschiedene Zwecke. Die Marketing-Abteilung möchte das neuste Produkt oder den neusten Tarif bewerben, die PR-Abteilung das unternehmerische Engagement für den Klimaschutz hervorheben und der Kundenservice Anliegen der Kunden lösen. Damit es hier nicht zu internen Grabenkämpfen kommt, ist es unumgänglich, die Social Media-Strategie abteilungsübergreifend zu koordinieren, um den verschiedenen Zielen gerecht zu werden.

3. Konsistenz

Angenommen es gibt einen Netzausfall bei einem Telekommunikationsunternehmen. Beschwert sich ein Kunde telefonisch oder per E-Mail bekommt er eine standardisierte Entschuldigung. Macht der gleiche Kunde seinem Ärger jedoch öffentlichkeitswirksam auf Twitter oder Facebook Luft, bietet man ihm an, die Grundgebühr für einen Monat gutzuschreiben. Nicht weiter schlimm, könnte man meinen. Wenn sich eine solche Ungleichbehandlung herumspricht – und glauben Sie mir, das wird sie – kann das unangenehme Konsequenzen haben. Zum einen ziehen Sie sich den Unmut der Kunden auf sich, die es vorziehen, telefonisch oder per E-Mail mit Ihnen in Kontakt zu treten. Zum anderen werden viele Kunden einfordern, dass Sie bei ähnlichen Vorfällen eine vergleichbar kulante Entschädigung erhalten.

4. Vertraulichkeit und Datenschutz

Bei sensiblen Anfragen zu deren Beantwortung Sie auf personenbezogene Daten zurückgreifen, empfiehlt sich die Antwort per Direktnachricht. Dennoch ist es sinnvoll, für etwaige Mitleser:innen sichtbar klarzumachen, dass die Anfrage trotzdem beantwortet wird. Beachten Sie auch die Richtlinien der DSGVO für Kundendaten, die Ihnen über Social Media übermittelt werden und weisen Sie User gegebenenfalls aktiv darauf hin, sensible Daten wieder zu löschen.

Aufgrund der Reichweite und Differenzierung können die Sozialen Netzwerke eine wahre Bereicherung für Sie und Ihre Kunden darstellen – wenn Sie denn die geschilderten Punkte bei der Einbindung in Ihre Kundenservicestrategie berücksichtigen.

David Köngeter (Berater)

Tipp 369: Warum wir Ziele klar und deutlich kommunizieren sollten

Die Onlinesuche nach der Begriffsdefinition des Wortes „Ziel" resultiert in den verschiedensten Ergebnissen. Die Einfachste möchte ich kurz mit Ihnen teilen:

Ziel: Ein Punkt bzw. Ort, zu dem jemand kommen will, den jemand erreichen will.

In den Jahren 2019 und 2020 habe ich zuweilen mehr Zeit auf Flughäfen als zu Hause verbracht. Ich habe sowohl den europäischen als auch afrikanischen Kontinent bereist, um dort den Kundenservice sowie die Vertriebsergebnisse für verschiedene Projekte unter verschiedenen Auftraggebern nachhaltig zu verbessern. Dabei ist mir eines bewusst geworden: So einfach die Definition eines Ziels in den eigenen Augen erscheinen mag, so unterschiedlich wird es von verschiedenen Charakteren wahrgenommen. Doch was ist überhaupt Ihr Ziel?

- Wollen Sie die bestmögliche Qualität in einem bestimmten Budgetrahmen erreichen?
- Ist es das Ziel, dass Kundenkontakte möglichst vermieden werden oder wird jeder Kontakt mit einem Kunden als eine Chance verstanden, um mit Verbrauchern im Austausch zu bleiben?
- Sollen die Mitarbeiter möglichst viel verkaufen oder spielt der Verkauf im Kundenservice eine nebensächliche Rolle?
- Wünschen Sie, dass Herausforderungen jeglicher Art am Telefon gelöst werden?

Nur wenn die Ziele, in der strategischen Ausrichtung des Kundenservice klar definiert sind und jede Führungskraft das gleiche Verständnis dieser Ziele hat, können wirkungsvolle Maßnahmen ergriffen werden, um diese bestmöglich zu erreichen. Und glauben Sie mir, wenn ich Ihnen sage, dass in einer großen Anzahl der Projekte, die ich begleitet habe, das Ziel seitens des Managements immer ganz klar war. Mitarbeiter sowie Führungskräfte hingegen haben diese anders wahrgenommen beziehungsweise selbst (neu) definiert. Die Folge ist, dass nur sehr schwer eine Verbesserung der Ist-Werte herbeizuführen war.

Meine Empfehlung ist es daher eindeutig, dass ein Grundverständnis aller Beteiligten für die einzelnen Ziele geschaffen werden muss. Jeder muss am selben Strang ziehen, um nachhaltig die vorgegebenen Ziele zu erreichen.

Daher:

- Setzen Sie sich regelmäßig mit Ihren projektverantwortlichen Führungskräften zusammen, um stets sicherzustellen, dass (weiterhin) alle dasselbe Ziel verfolgen.
- Schaffen Sie ein Bewusstsein der Agenten für die Ziele. Greifen Sie hierzu zu leicht verständlichen Visualisierungen auf dem Floor zur Veranschaulichung. Beispielsweise durch:
  - Flipcharts
  - Pinnwände
  - Statusmonitore

Bevor es an die Umsetzung geht, nutzen Sie die Chance und machen Sie sich kurz einmal Gedanken darüber, welche Ziele Sie in einem Projekt verfolgen und notieren Sie sich Ihre Antworten.

Stellen Sie diese Aufgabe nun auch Ihren Mitarbeiter:innen/Kolleg:innen. Sie werden erstaunt sein über die Bandbreite der Antworten. Ich kann Ihnen versichern, dass je genauer die Ziele formuliert wurden, desto unterschiedlicher die Antworten ausfallen werden. Probieren Sie es aus.

Aaron Schmidt (Junior Berater)

Tipp 370: Community Management im Kundenservice – Teil 1: Wieso, weshalb, warum?

Das Buzzword „Community" wird aktuell insbesondere auch in Rahmen der Digitalisierung in sehr unterschiedlichen Zusammenhängen benutzt und sowohl in der Kundenansprache als auch verschiedenen Medien sowie Service und Kontaktstrategien wird gerne auf die so genannte „Community" verwiesen.

Was aber bedeutet Community, welche Charakteristika weist eine Community aus und inwiefern ist das Management einer Community für eine Kundenserviceorganisation gerade in der Transformation und Digitalisierung interessant und wichtig?

Grundsätzlich schafft eine Community für ihre Mitglieder ein Zusammengehörigkeitsgefühl, welches aus den folgenden drei wesentlichen Elementen besteht:

- Vernetzung
- Sichtbarkeit
- Rituale

Mitglieder einer Community kennen sich und kommunizieren untereinander, verfügen über ein gleiches Interessensgebiet oder Werteprinzip und sind eindeutig nach innen und außen durch Rituale identifizierbar.

Rituale bedeutet in diesem Kontext, dass wenn eine Veränderung erfolgt, automatisch eine vergleichbare oder identische Reaktion der Mitglieder erfolgt, ohne dass diese zusätzlich angestoßen werden muss. Hierbei sind zwei Arten von Ritualen zu unterscheiden: Solche, die formal kommuniziert und fixiert sind, und solche, die informell ablaufen, und gerade letztere haben eine deutlich höhere Relevanz und Schlagkraft, weil sie intrinsisch entstehen.

Wichtig ist auch, dass Communities deutlich nachhaltiger und kunden-dialogintensiver als jede andere Art der Kundenkommunikation, -interak-tion aber auch „Manipulation" sind. Während z.B. ein Newsletter und Kampagnen lediglich kurzfristige Effekte haben und primär Monolog-ori-entiert sind, sind Meinungsumfragen zwar dialogorientiert aber ebenso auch kurzfristig. Allein das Management einer Community ist als Instru-ment nachhaltig, weil diese stetig-kontinuierlich den Austausch unterei-nander und nach außen fördert und häufig ein exponentielles „Momen-tum" für Trends und Wahrnehmungen der Produkte und Services Ihres Unternehmens entstehen lässt. Damit ist eine Community der vermutlich stärkste Promoter aber auch Detraktor Ihrer Produkte oder Services so-wohl nach innen in die Community aber auch und nach außen. Zudem hat diese Community als Bewegung auch die größte Schlagkraft, weitere Mit-glieder für diese Community zu gewinnen und als Anwalt ihrer Produkte aufzutreten.

Vermutlich kennen Sie die Reaktionen der Apple-Community bei der Einführung neuer Produkte. Schon Monate vorher wird gerätselt, kommu-niziert, wie das neue iPhone oder die Smartwatch aussehen könnte, wel-che Produkte bei der Präsentation als „One more thing" bis zum Schluss die Spannung halten. Und auch mit welcher Euphorie nach der Präsenta-tion selbst kleinste Veränderungen von der Community gefeiert und vehe-ment gegen „Andersgläubige" verteidigt werden.

Ähnliches war oder ist bei Tesla der Fall. Selbst als der Konzern nur rote Zahlen schrieb und durch Short-Seller und Medien totgeschrieben wurde, rote Zahlen bzw. Unternehmensverluste die Regel waren, gab es eine sehr starke „Tesla-Community", die sich gesammelt vor Tesla und ihren CEO Elon Musk und gegen „Gegner" sowie Medien gestellt haben. Gerade weil diese Community diese Standhaftigkeit bewiesen hat und sehr intensiv Pro-Tesla agiert und kommuniziert hat, konnte Tesla trotz widriger Rah-menbedingungen zu einer Unternehmensbewertung kommen, die dem Unternehmen zuvor von vielen niemals zugetraut wurde.

Weitere Beispiele? Gerne: Fridays for Future – wo aus einer Community eine weltweite Bewegung erwuchs, BitCoin, oder auch als Negativbeispiel die Verschwörungstheoretiker im Rahmen der Corona Pandemie.

Starke Communities sind damit offenbar ein großer Hebel, um Kundenwahrnehmung und Erfolg eines Unternehmens zu unterstützen beziehungsweise zu verbessern. Gleichzeitig sind sie aber ein gigantisches Risiko, wenn diese sich gegen Sie und Ihre Produkte und Services stellen. Diese im positiven Sinne zu mobilisieren macht also hochgradig Sinn.

Damit kommen wir zur Frage: Wofür brauche ich das und was haben Communities eigentlich mit Kundenservice, Digitalisierung und vielleicht auch mit mir zu tun?

Hierzu möchte ich gerne in diesem Tipp der Woche den Fokus zunächst auf Ihre Kunden legen, denn ob sie es wollen oder nicht – Ihre Kunden sind auf unterschiedlichste Arten bereits miteinander vernetzt und damit untereinander erkennbar durch Bewertungsportale, Soziale Medien und/oder weil sie Mitglied einer Organisation oder Servicewelt sind, welche Sie anbieten oder verwalten.

Jede Kommunikation/Aktion Ihrerseits löst automatisch auch eine Reaktion innerhalb Ihrer Kunden-Community aus. Dies kann eine Veränderung der angebotenen Dienstleistung, eine Preisänderung oder ein neues Produkt oder eine Einstellung eines bisher verfügbaren Produktes im Rahmen einer strategischen Veränderung sein.

Wenn Sie also Veränderungen wie Produkt- oder Serviceeinführungen erfolgreich und mit der Unterstützung ihrer Community initialisieren oder realisieren wollen, sollten einige grundsätzliche Wesens- und Verhaltensweisen von Communities berücksichtigt werden, um hier positive Resultate zu erzielen:

Zeigen Sie bei Beginn starke Überzeugung und Vorbildlichkeit

Wenn Sie eine Veränderung ihres Produkt- oder Serviceportfolios (z.B. eine Neueinführung eines Digitalen Self-Services als Option oder sogar Ersatz für bislang non-digitale Lösungen) einführen wollen, benötigen Sie

Durchhaltevermögen und sollten bereit sein, Kritik von Skeptikern aufzunehmen, auch mal auszuhalten und dieses offen für die Community anzusprechen beziehungsweise zu kommunizieren. Stehen Sie zu der von Ihnen vorgeschlagenen Lösung und legen sie deutlich klar, warum aus ihrer Sicht die Lösung Mehrwert bietet (in dem Beispiel vielleicht eine einfache Nutzung und die 24/7 Verfügbarkeit). Zeigen Sie sich aber auch offen für Kritik und Veränderung.

Die ersten Follower sind die wichtigsten

Die ersten Follower sind extrem wichtig und diese sollten auf Augenhöhe im Dialog mit Ihnen auftreten können und positioniert sein. Gerade hier werden zu oft Fehler gemacht, denn sobald im oberen Beispiel der digitalen Self-Service-Lösung die Aufmerksamkeit nach außen positiv kommuniziert und beeinflusst wird („Ich hab´s probiert – es funktioniert!"), werden weitere Nutzer aufmerksam, neugierig und weitere Kunden werden es durch positives Feedback der ersten Follower selbst ausprobieren. In dieser Phase haben Sie bereits eine Community und der Potenzierungseffekt nimmt Fahrt auf.

Die Community nimmt Fahrt auf

Die Lösung wird nun von einer Masse an Nutzern akzeptiert, der Dialog Ihrerseits ist gar nicht mehr gefragt oder benötigt, da die Community an dieser Stelle bereits untereinander kommuniziert und neue Mitglieder bei ihren ersten Schritten begleitet und die Lösung vermarktet. Das kann über Soziale Medien (z.B. eigene Insta-Story einzelner User, Facebook, Portale...etc.) oder sogar Ihrer eigenen Unternehmens- oder Kommunikationsplattform für einzelne selektierte oder freiwillige Follower, Bewerber oder Ambassadors erfolgen. Das Wachstum dann nicht mehr exponentiell, da der Großteil der Nutzer bereits zur digitalen Lösung migriert ist.

Sie haben eine Bewegung

Ihre digitale SelfService Lösung ist nun etabliert und eine Nutzung der bisherigen nicht-digitalen Lösung wird von der Community auch nach außen als unpopulär bzw. unattraktiv betrachtet und kommuniziert.

Das gezeigte Beispiel muss für eine erfolgreiche Umsetzung zwingend auch in Ihrem Kundenservice und besonders bei Ihren Mitarbeitern mit Kundenkontakt integriert sein. Erinnern wir uns: Die ersten Follower zum Schaffen einer Bewegung in einer Community sind die wichtigsten und hier hat der Kundenservice die Schlüsselrolle als erste Anlaufstelle für eine potenzielle Community.

Wenn also Ihre Kunden und damit potenzielle Promoter Sie innerhalb ihrer Community zu Beginn der Einführung bezüglich der neuen Lösung kontaktieren, ist es dringend zu empfehlen, diesen Kunden eine besondere hohe Aufmerksamkeit und Wertschätzung zu geben. Dieses kostet bis auf ein bisschen Gesprächszeit nicht viel und sichert Ihnen die oft-zitierte „Wow-Erfahrung" in Rezensionen oder Kommunikation auf sozialen Kanälen.

Zeigen Sie zusätzlich, dass das Kunden-Feedback aufgenommen und auch in die Optimierung einfließt. Hier kann auch eine zusätzliche Kommunikation oder eine „Danke für Ihre tolle Idee – wir haben verstanden!"-E-mail sein. Hand aufs Herz: Wie würden Sie sich fühlen, wenn Sie einen Kundenservice mit Kritik oder einer Idee konfrontieren, eine solche Reaktion erhalten und sich dann der Prozess nach ihrem Vorschlag verbessert wurde? Was glauben Sie, löst diese Reaktion bei anderen Followern der Community aus? Ganz genau – Sie werden auch ein solches Erfolgserlebnis haben wollen.

Sobald jedoch die Community das Steuer übernommen hat, versuchen sie diese nicht mehr aktiv zu „führen" – auch dies ist ein typischer Fehler, welcher meist das Gegenteil der gewünschten Reaktion innerhalb einer Community auslöst. Seien Sie in erster Linie Zuhörer, nehmen Sie Lösungsvorschläge auf und betreiben Sie in den notwendigen Situationen, wo die Lösung nicht möglich oder sinnvoll ist, ein konsequentes Erwartungsmanagement. Binden Sie die Community in der Lösung oder Konzeption neuer Produkte oder Services mit ein. Sie werden überrascht sein, welches Potenzial und welche Kreativität hier schlummern.

Gerade bei unstrukturierten (sozialen) Netzwerken mit synchronen/asynchronen Dialogen und Datenmengen ist es dann sinnvoll, den Trend bzw. die Stimmungslage automatisiert zu analysieren, um ein genaueres Bild zu erhalten und nicht auf Basis eines „Gefühl"-Snapshot nächste Schritte anzugehen. Hierbei können technische Lösungen helfen, die sich auf Echtzeitanalyse von Content sozialer Plattformen sowie digitaler und auch non-digitaler Kommunikation spezialisiert haben. Die Bandbreite ist groß und reicht von großen und aufwendigen Lösungen auf Lizenzmodell-Basis mit hohen Analyse-Funktionen bis zu Software-as-a-Service Modellen oder Anbietern, welche sich auf Basis-Funktionalitäten und daher kostengünstigen Produkten beschränken.

Die Beherzigung der oben angeführten generellen Tipps sollte Ihnen jedoch unabhängig von einer technischen Lösung helfen, von Ihren Kunden insbesondere bei Veränderungen die Unterstützung ihrer Community zu erhalten und damit für Ihre Transformation den stärksten Partner an Ihrer Seite zu erhalten, den Sie kriegen können – Ihre Kunden.

Carlos Carvalho (Senior Berater)

Tipp 371: Community Management – Teil 2: Nicht nur für Kunden

I m letzten Tipp der Woche zum Thema Community Management haben wir uns primär auf die Kunden-Community und ihre Bedeutung im Kundenservice und der Digitalisierung fokussiert.

Wie wir festgestellt haben, bietet eine intelligente Strategie unter Einbindung der Kunden-Community ein großes Potenzial zur Realisierung erfolgreicher Produkt- oder Serviceveränderungen.

Heute möchte ich das Augenmerk des Community Managements auf eine andere, ebenso wichtige Community richten, wo das Potenzial nicht weniger groß ist und welches mindestens eine genau so hohe Nachhaltigkeit und Schlagkraft aber auch Risiken birgt: Ihre Mitarbeiter.

Auch ihre Mitarbeiter sind selbstverständlich eine Community. Denn erinnern wir uns an die Merkmale im letzten Tipp der Woche hierzu:

„Grundsätzlich schafft eine Community für ihre Mitglieder ein Zusammengehörigkeitsgefühl, welches aus folgenden drei wesentlichen Elementen besteht:

- *Vernetzung*
- *Sichtbarkeit*
- *Rituale*

Mitglieder einer Community kennen sich und kommunizieren untereinander, verfügen über ein gleiches Interessensgebiet oder Werteprinzip und sind eindeutig nach innen und außen durch Rituale identifizierbar."

Diese Punkte können für Ihre Mitarbeiter oder Kollegen alle mit einem Haken versehen werden. Ihre Mitarbeiter sollten durch ihre Unternehmenszugehörigkeit ein gleiches Interessensgebiet und Wertesystem haben, da sonst ihre eigenen Bedürfnisse nicht positiv befriedigt werden und Frustration, Minderleistung oder sogar Jobwechsel die Folge sind.

Sie sind, ob nun durch ein eigenes Intranet, interne oder externe Platt-formen vernetzt durch Ihre IDs oder E-Mail-Adressen, Ausweise oder ähn-liches als Mitarbeiter erkennbar und es gibt auch klassische Rituale wie Meetings, Regeltermine, Kommunikationsrichtlinien, Sommerfeste etc..

Hierzu zählen analog für die Kundenwelt auch „inoffizielle" Rituale und Besonderheiten Ihrer jeweiligen Unternehmens-Community, wo man, ohne es irgendwo formuliert zu haben weiß, welche Reaktion in der Com-munity oder den Vorgesetzten erfolgt, wenn man eine bestimmte Aktion oder Kommunikation initiiert. Da diese zum Teil aus taktischen Gründen erfolgen können oder intrinsisch entstehen, haben sie entsprechend auch eine stärkere Auswirkung und Einfluss auf die Community.

Ich möchte aber das Augenmerk zunächst auf ein bestimmtes der drei Community-Merkmale lenken, welches gerade für Ihre Mitarbeiter und Sie ein wertvolles, aber mögliches verborgenes Potenzial birgt:

Das Merkmal Sichtbarkeit oder: Wie gut kennt sich Ihre Mitarbeiter-Community?

Abseits der rein oberflächlichen Merkmale ihrer Mitarbeiter wie Titel, Kompetenzbereich, Aufgabenbereich, Verantwortlichkeit, Alter, Name, Kontaktdaten usw. gibt es etwas, das nicht so einfach zu identifizieren ist: Welche besonderen Fähigkeiten oder spezielles Know-how haben die je-weilige Kollegin oder der Kollege?

Natürlich hat man bei einer längeren Unternehmenszugehörigkeit Er-fahrungen gesammelt und weiß, in welchen Fällen Kollegin A eine gute Unterstützung sein kann oder Kollege B Erfahrung in einem bestimmten Skillset hat. Je größer Ihre Organisation ist oder je kürzer Sie in ihrem Un-ternehmen dabei sind, desto unwahrscheinlicher ist es, dass Sie im Be-darfsfall wissen, welche besonderen Fähigkeiten ein bestimmter Kollege hat.

Vielleicht ist der Kollege am Nebentisch ein Ass in Excel-Dashboards, eine andere Kollegin extrem versiert in Kommunikation oder Verhand-lungstechniken ist. Stellen Sie sich selbst noch mal die oben angeführte

Frage in der Form: Wie gut kenne ich eigentlich meine Mitarbeiter-Community und ihre besonderen Fähigkeiten?

Diese Fragestellung ist nicht neu und trotzdem enorm wichtig, denn oft bewegt man sich hier bei dem Kenntnisstand auf einem sehr groben Community-Level, welches ich hier gerne unterteilen möchte:

Level 1: Ortsbezogene Community – Man ist Mitarbeiter der gleichen Firma und/oder an einem bestimmten Standort.

Level 2: Interessensbezogene Community – Man ist Mitarbeiter der Firma, weil das Produkt oder das Aufgabengebiet den eigenen Interessen entspricht.

Level 3: Zielbezogene Community – Man möchte gemeinsame Ziele erreichen oder das eigene individuelle Ziel ist weites gehend im Einklang mit den Zielen der anderen Community Mitglieder.

Level 4: Skill-bezogene Community – Ich kenne alle wesentlichen Fähigkeiten und Interessensgebiete der einzelnen Community-Mitarbeiter.

Je höher das Level, desto ungenauer ist in der Regel die verfügbare Information, aber umso detaillierter wäre sie nötig, um positive Ergebnisse zu erzielen. Gleichzeitig wäre das Vorliegen dieser Information eine höhere Wert- und Nachhaltigkeit für das Unternehmen.

Wie wäre es zum Beispiel, wenn man – einfach ausgedrückt – per Knopfdruck wüsste, welcher Kollege einem in einem bestimmten Problemfall weiterhelfen kann? Wie würden Sie sich fühlen, wenn Sie ein Talent besitzen, welches Sie gerne bereitstellen wollen und welches, wenn es abgerufen wird – besser sogar – besonders wertgeschätzt wird? Gleichzeitig fühlen Sie sich besser, weil Sie in anderen Fällen ebenso das Wissen haben, dass Sie schnell und unkompliziert den Kollegen finden können, der wiederum Ihnen beim nächsten Mal weiterhelfen kann?

Komplexe Aufgabenstellungen lassen sich nun mal nicht zentral, sondern nur in Netzwerken lösen. Derartige Wertschöpfung entsteht durch soziale bzw. Community Plattformen (dies bitte nicht mit Sozialen Medien verwechseln). Solche Community Plattformen sind technisch nicht sehr kompliziert und mit wenigen Mitteln zu realisieren. Der einfachste Ansatz wäre eine Art Mitarbeiter-Info im Intranet, in der Ihre Kollegen oder Sie ihre Stärken, Interessen oder besondere Fähigkeiten angibt. Idealerweise mit entsprechenden Hashtags. Nach diesen Schlagworten kann sortiert oder gesucht werden.

Viel wichtiger ist jedoch – und da sind wir wieder bei der Analogie der Kundencommunity – dass hierbei ebenso die Grundregeln der Community Verhaltensweisen berücksichtigt werden:

1. Zeigen Sie bei Beginn starke Überzeugung und Vorbildlichkeit

Seien Sie ehrlich und offen bei der Konzeption und Integration einer internen Community Plattform und lassen Sie Kritik, Befindlichkeiten und Feedback zu. Seien Sie selbst das beste Vorbild in Befüllung und Nutzung der Plattform.

2. Die ersten Follower sind die wichtigsten

Unterstützen, oder besser noch begleiten Sie die ersten Mitarbeiter bei Suche nach Ansprechpartnern mit den angefragten Fähigkeiten. Teilen Sie diese Erfahrungen mit der Community, stellen sie dar, was gut lief und fragen Sie, wo nachoptimiert werden kann. Zeigen Sie Dankbarkeit gegebenenfalls auch mit kleinen Aufmerksamkeiten, um den zusätzlichen Aufwand für den Unterstützer zu kompensieren. Schließlich macht er das vielleicht sogar on-top zu seiner aktuellen Aufgabe. Kurzum: Machen Sie Betroffene zu überzeugten Beteiligten und lassen Sie sowohl den Anfrager als auch den Unterstützer auch als Testimonial zu Wort kommen.

3. Die Community nimmt Fahrt auf

Lassen Sie Kollegen, welche den Prozess bereits erfolgreich durchlaufen haben mit positiven Erfahrungen andere Kollegen bei weiteren Suchen unterstützen (Ambassador-Prinzip) und zeigen Sie kontinuierlich, welche Ergebnisse erreicht werden konnten.

4. Sie haben eine Bewegung

Ab diesem Punkt sollte das Momentum der Community angesprungen sein und so viele Kollegen das System nutzen, dass kein Eingreifen mehr notwendig ist. Lediglich Optimierungsvorschläge sollten aufgenommen oder neue Mitarbeiter mit Mentoren zusammengebracht werden.

Wenn Sie es für sinnvoll erachten, können Sie die Implementierung und Begleitung der ersten Woche „ritualisieren" oder generell Rituale schaffen, welche die Nutzung und damit ein wesentliches Community Element unterstützt.

Wie Sie sehen: Community Management Regeln und Vorgehensweisen gelten in unterschiedlichen Ebenen, sind nach innen und außen valide und helfen Ihnen bei einer erfolgreichen Optimierung ihrer internen Ressourcen bei Problemstellungen.

Um auch hier nachhaltig erfolgreich zu sein, empfiehlt sich zudem die Einbindung dieser Community Philosophie in die interne Unternehmensstrategie und vielleicht sogar in Bonussystemen.

Fazit: Nutzen Sie die Kraft und das Momentum ihrer eignen Organisation, indem Sie die Verantwortung für Wissenstransfer unterstützt in ihre Mitarbeiter Community geben. Sie werden überrascht sein, welche unentdeckten Talente direkt im nächsten Büro oder am Nebentisch schlummern.

Carlos Carvalho (Senior Berater)

Tipp 372: Kundenservice in der Cloud – wirklich eine Alternative?

D ie Digitalisierung schreitet stark voran. In Zeiten von Corona müssen viele Unternehmen umdenken und sich strategisch neu aufstellen. Deshalb stellt sich die Frage nach der geeigneten Lösung für Ihre Kundenkommunikation.

Die Nachfrage nach Cloud-Lösungen steigt stetig, aber für viele bleibt eine gewisse Unsicherheit, ob durch den Umstieg auf eine Cloud-Lösung ihre Anforderungen auch wirklich erfüllt werden.

Ich möchte mit diesem Tipp der Woche dazu beitragen, Ihnen diese Unsicherheit zu nehmen und Erfahrungen aus meinen letzten Cloud-ACD-Implementierungen bei unseren Kunden an Sie weiterreichen.

On-Premise oder Cloud-Lösung?

Herkömmliche ACD-Systeme werden oft als On-Premise-Lösung angeboten, das heißt die erforderliche Hardware wird direkt im Serverraum Ihres Unternehmens vorgehalten.

Alle Anbindungen zu Providern, Netzwerk etc. finden auch am gleichen Standort statt. Bei einer Cloud-Lösung liegt das komplett in der Hand des Cloud-Anbieters. Dieser kümmert sich um Leitungskapazitäten sowie um den gesamten Service rund um die Cloud-Lösung inklusive Sicherheitsmaßnahmen und eine zugesicherte Verfügbarkeit.

Was ist in den letzten Jahren passiert? Sind die Cloud-Anbieter wirklich eine Alternative?

Die letzte Frage kann ich mit einem deutlichen „Ja" beantworten. Die Cloud-Lösungen der vergangenen Jahre haben sich im Ursprung auf die reine Telefonie konzentriert. Das war einfach für den Anwender überschaubar und man konnte bei geringen Ansprüchen seine Office-Telefonie ohne Aufwand ablösen. Hatte man den Anspruch, seinen gesamten Kundenservice in die Cloud zu verlegen, hat das zwar zum Teil auch funktioniert, aber man ist schnell an Grenzen gestoßen, was Sicherheit, Funktionalität, Schnittstellen und Administration anging.

Dieses Bild hat sich inzwischen extrem gewandelt und es stehen moderne Cloud-Lösungen zur Verfügung, die einer On-Premise-Lösung keineswegs unterlegen sind.

Vieles spricht für dieses Betriebsmodell. Es sind weder hohe Investitionen in Hardware noch Wartungsverträge oder aufwendige Updates notwendig. Befindet sich das Rechenzentrum in Deutschland, so greifen zudem die hierzulande gültigen hohen Datenschutz-Standards. Anbieter sollten Zertifikate wie ISO 27001 vorweisen und einen redundanten Betrieb der Cloud-Lösung sicherstellen können.

Welchen Funktionsumfang sollte die Cloud-Lösung bieten?

- Der Funktionsumfang im Bereich der Cloud-Anbieter hat gerade in den letzten Jahren deutlich zugenommen. Dabei ist vor allem darauf zu achten, dass sich diese Möglichkeiten mit geringem Einarbeitungsaufwand nutzen und flexibel erweitern lassen.

- Konfiguration in Echtzeit ist unverzichtbar. Dazu sollten Sie erstens in der Lage sein, sich den gesamten aktuellen Traffic auf einem Dashboard anzeigen zu lassen. Und zweitens müssen sich Einstellungen wie z.B. das Ändern von Rufweiterleitungen, Warteschleifen oder Ansagen jederzeit in Echtzeit in einer übersichtlichen Administrationsoberfläche bearbeiten lassen.

- Darüber hinaus ist das langfristige Monitoring und Reporting der Schlüssel zu mehr Effizienz. Wie lange dauert es, bis ein Anruf an der richtigen Stelle landet? Wie viele Anrufversuche werden von den Kunden früher oder später in irgendeiner Warteschleife abgebrochen (Abandoned Calls)? Diese und viele andere Informationen helfen dabei, die Erreichbarkeit, Servicelevel sowie das Anrufaufkommen zu überwachen und einen zuverlässigen Forecast zu erstellen, um die Anrufsteuerung und den weiteren Kapazitätsausbau optimal zu strukturieren.

- Dazu eignet sich besonders die Darstellung in Form eines Wallboards, das alle statistischen Daten übersichtlich aufführt. Einzelne Reports können aber auch in frei konfigurierbaren Zeitabständen (z.b. in täglichem oder wöchentlichem Turnus) vom System automatisch als E-Mail-Nachricht an den Supervisor geschickt werden. Bei einigen Systemen lassen sich die Reports auch mobil über eine App auf dem Smartphone oder Tablet aufrufen.

- Das Silent Monitoring bietet dem Supervisor die Option, Kundengespräche im Hintergrund in Echtzeit mitzuhören oder sich je nach Situation auch aktiv in ein Gespräch einzuschalten.

- Auch das Mitarbeiter- und Gruppenmanagement muss möglichst intuitiv strukturiert sein. Neben dem Anlegen, Ändern und Löschen von Agenten gehört dazu u.a. das Einrichten von Skill Gruppen. Wichtig hierbei ist eine Kopierfunktionalität, um bestehende Agenten-Setting nicht immer wiederholen zu müssen, sondern diese mit einfachen Methoden zur Erstellung neuer Agenten zu nutzen zu können.

- Die Erweiterbarkeit darf sich nicht nur auf einen möglichen Kapazitätsausbau beschränken, sondern muss auch zukünftige Features und Kanäle umfassen. So wird das primär auf die Telefonie fixierte Call Center sukzessive zum Contact Center bzw. Service Center für alle Kommunikationskanäle.

- Die Automatisierung verschiedener Routineabläufe durch den Einsatz künstlicher Intelligenz (KI) ist bereits heute eine sinnvolle Option und wird in Zukunft weiter an Bedeutung gewinnen. Achten Sie darauf, dass Ihr System auf diese Entwicklung vorbereitet ist, auch wenn Sie derzeit noch keine KI-Assistenten wie z.B. E-Mail- oder Voice-Bots einsetzen!

Welche Vorteile bietet eine Cloud-Lösung gegenüber einer On-Premise-Lösung?

Der größte Vorteil ist die Geschwindigkeit, mit der Sie eine einsatzbereite Lösung aktivieren können. In meinem letzten Kundenprojekt ist es mir gelungen, eine Lösung für fast 500 Agenten innerhalb von 72 Stunden inklusive Rufnummern, Leitungskapazitäten und sämtliche Routingfunktionalitäten umzusetzen.

Ebenso liegt ein großer Vorteil in dem flexiblen Handling mit Lizenzmengen für die benötigten User- und Leitungskapazitäten. Hier muss nicht permanent etwas nachbestellt werden wie bei einer On-Premise-Lösung, sondern kann in „Echtzeit" erweitert werden. Gerade bei Contact Centern, die schwankende Nutzungsgrößen aufweisen z.B. aufgrund kurzfristiger Kampagnen, lohnt sich ein Umstieg auf eine Cloud-Lösung sehr.

Cloudbasierte Systeme bieten noch einen weiteren Vorteil. Sie ermöglichen das dezentrale Arbeiten auf einfache Weise. So lassen sich Agenten in Spitzenzeiten beispielsweise flexibel zuschalten – unabhängig vom Arbeitsplatz und im Idealfall sogar via Mobiltelefon. Möglich ist das durch die Nutzung von WebRTC. Ihre Mitarbeiter loggen sich per Webbrowser im System ein und können entweder an ihrem Arbeitsplatz oder im Homeoffice arbeiten. Auch eine Anbindung weitere externer Dienstleister ist somit ohne Mehraufwand möglich.

Fazit:

Cloud-Lösungen sind aktuell eine echte Alternative, die unbedingt berücksichtigt werden muss. Wer hohen Wert auf Flexibilität und geringen IT-Aufwand legt, für den ist eine Cloud-Lösung eine Empfehlung.

Udo Ociepka (Senior Berater)

Tipp 373: Anforderungen an eine Karriereseite

Neben Online-Jobportalen, Karrieremessen und Social Media zählt die unternehmenseigene Karriereseite zu den wichtigsten Plattformen für ein erfolgreiches Recruiting. Besonders hier besorgen sich potenzielle Bewerber viele Informationen zu den Vakanzen und zum ausschreibenden Unternehmen. Die Karriereseite entwickelt sich neben der eigentlichen Aufgabe „Recruiting" immer mehr zu einer idealen Möglichkeit, um potenzielle Kandidaten durch eine starke Employer Brand von sich zu überzeugen. Doch von alleine wird eine Karriereseite nicht automatisch für erfolgreiches Rekrutieren und für ein besseres Arbeitgeber-Image sorgen. Es lohnen sich Zeit und Mühe, um damit nachhaltig erfolgreich zu sein. Denn früher oder später landen die meisten Kandidaten im Rahmen ihrer Recherche auf Ihrer Karriereseite, auch wenn es nicht der häufigste Startpunkt eines Bewerbungsprozesses ist (Candidate Journey). Aktuell geben 7 von 10 Kandidaten an, sich bereits vor Ihrer Bewerbung intensiv mit dem Arbeitgeber zu beschäftigen (Quelle: kununu).

Employer Brand

Durch die Recherche zum potenziellen Arbeitgeber wollen die Kandidaten sicherstellen, dass die Kultur, das Image und die Werte des Unternehmens auch zu ihnen passen. Findet man dazu nichts beziehungsweise vermeidet ein Arbeitgeber die Kommunikation zu diesen Themen, ist das für circa die Hälfte der Kandidaten der Hauptgrund, sich doch noch gegen eine Bewerbung zu entscheiden. Doch die Employer Brand wird nicht nur von einer Karriereseite getragen. Es gibt weitere zahlreiche Faktoren wie Unternehmensbewertungen, Auszeichnungen oder Preise, die Einfluss auf das Image eines Arbeitgebers haben. Dazu zählen insbesondere die Arbeitgeberbewertungsplattformen. Über den Aufbau und die Inhalte Ihrer Karrierewebsite bestimmen jedoch Sie selbst. Sie haben anders als auf Karriereportalen hier die Möglichkeit in Eigenverantwortung festzulegen, welche Informationen und in welcher Reihenfolge diese veröffentlicht werden und wie der Bewerbungsprozess aus Ihrer Sicht optimal abläuft. Deshalb kommt der eigenen Karriereseite eine besondere Bedeutung zu.

Die Gestaltung Ihrer Karriereseite

Die Nutzerfreundlichkeit ist gleichbedeutend mit den Inhalten. Hier werden leider zu oft Kandidaten abgeschreckt, weil man als potenzieller Kandidat nicht schnell und direkt zu den gewünschten Informationen kommt. Die Zielgruppenadressierung, ggf. auch durch eine entsprechende Gliederung in einzelne Bereiche je Zielgruppe (z.b. Senioritätslevel oder bestimmte Funktionen), unterstützt hierbei positiv. Gesetzte Links müssen funktionieren. Achten Sie auf eine einfache Usability. Zu viele Informationen können auch verwirren. Eine gut integrierte Karriereseite sollte zudem von Anfang an in die Corporate Website eingeplant werden, da eine nachträgliche, schnelle und reibungslose Zusammenführung häufig schwierig wird. Beim Design darf es keine Brüche geben. Falls Sie sich für eine gesonderte Career Page entscheiden, denken Sie bitte daran, dass sich weiterführende Informationen zum Unternehmen erst durch den Wechsel zur Homepage des Unternehmens suchen lassen. Der Weg für den Kandidaten wir dadurch länger. Es kommt zu Abbrüchen im Bewerbungsprozess und geeignete Kandidaten gehen möglicherweise frühzeitig verloren.

Content

Content, Content, Content – ein gelungener Content ist das A und O für jede Karriereseite. Texte, Bilder, Grafiken sind der inhaltliche Anker für jeden Bewerber. Grenzen Sie sich ab, in dem Sie keine reißerischen Versprechen geben, die sich ohnehin nicht mit den Bewertungen auf den Arbeitgebervergleichsportalen decken. Nichtssagende Botschaften schrecken Bewerber eher ab. Diese sagen nichts Glaubhaftes über den Arbeitgeber aus und bieten auch sonst keinen Mehrwert. Die Fragen lauten daher: Warum soll sich jemand für Sie bzw. Ihr Unternehmen als Arbeitgeber interessieren und wodurch unterscheiden Sie sich von Ihrem Wettbewerb? Zwei bis drei Sätze und ein gutes Bild sagen oft mehr. Wenn Sie jetzt noch ein Video aus dem „echten Arbeitsalltag" im Kundenservice haben und ein paar Stimmen von zukünftigen Kollegen und Vorgesetzten, dann ist oft das Interesse größer als bei einem 500-Dollar-Satz, mit dem sich viele andere auch schmücken.

Fazit:

Besonders im Kundenservice kommt es bei der Bewerberansprache auf Ehrlichkeit und Authentizität an. Zu viel wurde schon auf Karriereseiten versprochen. Die potenziellen Kandidaten kennen oft das häufig anstrengende und fordernde Arbeitsumfeld im Kundenservice. Wertschätzung beginnt somit bereits im Bewerbungsprozess. Berücksichtigen Sie das bei den Inhalten, dem Design, den Aussagen und den Versprechen auf Ihrer Career Page. Es geht im Kundenservice nicht mehr zunehmend um Quantität, sondern darum, die richtigen Leute für Ihr Team zu gewinnen. Legen Sie von Anfang an die Karten offen auf den Tisch. Dies wirkt sich auch positiv auf die Reduzierung der Frühfluktuation aus. Ihre gut gemachte Karriereseite hilft Ihnen auf jeden Fall dabei.

Jens Mühlberg (Partner im Beraternetzwerk von junokai)

Tipp 374: Brauchen Sie einen IT-Business-Partner?

Bei sich ständig ändernden Technologieangeboten kann es für Führungskräfte in Operations schwierig sein, zu verstehen, wie effektiv die neuesten Innovationen die Ziele ihres Unternehmens unterstützen werden und es ist schwer, einen klaren Überblick über die Anwendungslandschaft einschließlich der Einsatzmöglichkeiten zu erhalten.

Es ist nicht ungewöhnlich, dass die Beziehung zwischen Operations und IT aufgrund der unterschiedlichen Sprache eine Herausforderung darstellt.

In der Vergangenheit agierten die IT-Teams als Service-Center, um Produkte auf Anfrage zu entwickeln und zu implementieren. Wir sehen jedoch, dass immer mehr Unternehmen IT-Business-Partner einsetzen, die proaktiv die technologischen Anforderungen eines Unternehmens antizipieren und die Bereitstellung dieser IT-Lösungen verwalten.

Die Rolle

Der IT-Business-Partner (ITBP) unterstützt bei der Bereitstellung von Technologieprodukten, die den Anforderungen des Unternehmens entsprechen. Der ITBP konzentriert sich auf strategische Initiativen und Planungsaktivitäten für seinen Geschäftsbereich und ist bestrebt, die Herausforderungen des Marktes zu verstehen, einschließlich der Kundenbedürfnisse und der Aktivitäten des Wettbewerbs.

ITBPs sind proaktiv und vorausschauend in ihrem Denken. Sie sind zielorientiert und bieten den Geschäftsbereichen einen erheblichen Mehrwert. ITBPs erleichtern den Prozess der Investitionsaufnahme und die Planung und Ausführung von Geschäftsinitiativen auf hoher Ebene durch den Einsatz von Technologie.

Sie spielen eine führende Rolle wenn es darum geht, das Unternehmen in die Lage zu versetzen, seine Ziele durch den effektiven Einsatz von Technologie zu erreichen.

Nach der erfolgreichen Bereitstellung einer neuen Technologie sind diese Fachleute auch dafür verantwortlich, dass die Benutzer verstehen, wie sie diese neuen Tools nutzen können. Eine weitere wichtige Aufgabe ist es, jegliches Feedback an die Technologie-Teams weiterzuleiten.

Der ITBP hält regelmäßige Meetings mit Stakeholdern im gesamten Unternehmen ab, um die spezifischen Ziele des gesamten Unternehmens und der einzelnen Abteilungen zu verstehen. Ein „Monthly Business Review" (MBR) ist ebenfalls Teil dieser Meetings. Während des MBR präsentiert der ITBP den Stakeholdern die Leistungen aller IT-Services, z. B. die Betriebszeit des Netzwerks, die Betriebszeit der Kernsysteme und Server, Vorfälle und Tickets – einschließlich einer Top-10 der ausgelösten Tickets mit Gründen und Lösungen. Das Ziel ist es, diese Fälle im folgenden Monat zu senken. Und auch die geplanten IT-Service-Arbeiten (Updates, Patches, Änderungen) mit Auswirkungen auf Operations werden während des MBR vorgestellt.

Der ITBP wird Bedürfnisse in technologische Anforderungen für die IT-Entwicklung übersetzen. Als Ergebnis dieser engen Beziehung wird der ITBP auch zum Hauptansprechpartner für Operations und die Technologie-Teams und kann als vertrauenswürdiger Berater angesehen werden.

Ein weiterer Teil der Rolle ist die Repräsentation der IT bei der Förderung von IT-Services und -Fähigkeiten. Zudem ist der ITBP primärer IT-Ansprechpartner für die Führungskräfte und Manager der Geschäftsbereiche.

Hintergrund

ITBP haben oftmals unterschiedliche berufliche Erfahrungen und Lebensläufe. Die meisten Fachleute in diesem Bereich haben jedoch Erfahrung im Technologiesektor und verfügen über einen Abschluss in Informatik. Arbeitserfahrungen auf der Anwendungsseite der Technologie sind besonders wertvoll, da sie eine Grundlage für das Verständnis der Bedürfnisse der Endbenutzer bilden. Daher haben viele IT-Business-Partner mehr als fünf Jahre Erfahrung als Programmierer, Business-Analysten oder Projektmanager, bevor sie in eine Business-Partner-Rolle wechseln.

Ein weiterer Einstiegspunkt könnte aus dem Operativen als „Superuser" einer bestimmten Technologie innerhalb einer bestimmten Abteilung sein. Diese Erfahrung bietet auch ein direktes Verständnis für die Technologiebedürfnisse aus der Perspektive des Endanwenders.

Kommunikationsfähigkeit ist für diese Rolle unerlässlich, da ein großer Teil der Arbeit darin besteht, als Vermittler zwischen den lokalen Geschäfts- und Technologie-Teams zu agieren. Aufgrund der Notwendigkeit, verschiedene Abteilungen innerhalb eines Unternehmens zu unterstützen, suchen Arbeitgeber in der Regel nach ausgewiesenen Branchenexperten mit starkem Geschäftssinn. Daher verlangen die Arbeitgeber oft spezifische Branchenerfahrung. Wir stellen jedoch fest, dass einige Unternehmen bereit sind, Fachleute mit zumindest ähnlichem Branchenhintergrund in Betracht zu ziehen, da das Angebot an spezialisierten Kandidaten knapp ist.

Verantwortung

Der ITBP hat die Gesamtverantwortung, als strategische Schnittstelle zu den zugewiesenen Geschäftseinheiten oder Funktionsbereichen zu fungieren, um die Entwicklung der Technologiestrategie, die Lösungsfindung, das Servicemanagement, das Risikomanagement und das Beziehungsmanagement zu unterstützen.

Der ITBP dient als Bindeglied zwischen den Geschäftsbereichen und der IT auf Führungsebene und bietet Unterstützung auf strategischer Beratungsebene und gibt Anleitung bei wichtigen IT-Initiativen.

- Sie kommunizieren Entscheidungen, Prioritäten und relevante Projektinformationen an die entsprechenden Mitarbeiterebenen in Bezug auf Anfragen, Projekte und Initiativen der Geschäftsbereiche.
- Sie teilen proaktiv ihr Wissen über technologische Risiken und Möglichkeiten, um Wettbewerbsvorteile zu schaffen und die Effizienz und Effektivität der Geschäftseinheiten zu verbessern.
- Sie arbeiten mit der Geschäftsleitung und anderen wichtigen Stakeholdern zusammen, um Chancen zu definieren und

Projekte auf der Grundlage von vordefinierten Kriterien (z. B. Return on Investment, Produktivität, Compliance) zu identifizieren und zu priorisieren.

Zusammenfassung

Brauchen Sie einen IT-Business-Partner? Es kommt darauf an: Gibt es ein vollständiges Verständnis davon, was Ihre IT-Organisation tut und werden die Leistungen im Rahmen der Geschäftsanforderungen erstellt und geliefert? Wenn Sie beides mit „ja" beantworten können, dann bietet ein ITBP nicht unbedingt einen Mehrwert.

Im anderen Fall, beide Fragen werden mit „nein" beantwortet, wird ein ITBP einen direkten positiven Wert und Einfluss auf die Organisation und IT haben.

Die meisten Organisationen beginnen mit einem externen ITBP, der auch die Standards, Prozesse, Meetings und Formulare festlegt. Nach dieser Aufbauphase kann die Organisation intern schauen, ob es einen Kandidaten gibt, der die Anforderungen dieser Rolle erfüllt.

Rogier Bosch (Berater)

Tipp 375: Verbraucherschutzrechtliche Änderungen durch die TKG-Novelle

Mit der TKG-Novelle wird die EU-Richtlinie 2018/1972 vom 11. Dezember 2018 über den europäischen Kodex für die elektronische Kommunikation (European Electronic Communication Code / EECC) in nationales Recht umgesetzt. Mit dem Gesetz sollen Bürger unter anderem einen Anspruch auf einen Internetzugang bekommen, der ihre wirtschaftliche und gesellschaftliche Teilhabe sicherstellt. Neben zahlreichen Vorgaben zur Förderung des Breitbandausbaus, mit denen die Weichen für ein modernisiertes Telekommunikationsrecht in Europa gestellt werden sollen, setzt die TKG-Novelle in Deutschland auch einige verbraucherschutzrechtliche Anforderungen um.

Mit der Neuregelung soll möglichst eine Vollharmonisierung des Rechtsrahmens in Europa erzielt werden. Die Länder sind verpflichtet die Vorgaben in nationales Recht umzusetzen und können dabei nur in Ausnahmefällen von den vorgegebenen Regelungsvorgaben abweichen. Diese Verpflichtung hätten die Länder bereits Ende 2020 nachkommen müssen. Die meisten Länder kamen dieser Pflicht bisher nicht nach. Auch in Deutschland werden die Vorgaben nach aktuellem Stand erst zum 01.09.2021 fast vollständig umgesetzt sein.

Kunden und Telekommunikationsunternehmen müssen sich bis dahin (bzw. teilweise nach Übergangsfristen) unter anderem auf folgende Veränderungen einstellen:

Informationspflichten

Besondere Anforderungen kommen auf den Vertrieb über telefonische Kontaktkanäle zu. Die Kunden müssen sich vor dem Vertragsschluss in einer standardisierten Vertragszusammenfassung über die wichtigsten Eckpunkte informieren können. Die Zusammenfassung muss dem Kunden dabei in Textform zur Verfügung gestellt werden. Die Informationen sind klar, verständlich und leicht zugänglich in maschinenlesbarer Weise und in einem für Endnutzer mit Behinderungen barrierefreien Format bereitzustellen.

Ist es aus objektiven technischen Gründen nicht möglich, die Vertragszusammenfassung vor Abgabe der Vertragserklärung zur Verfügung zu stellen, so muss sie unverzüglich nach Vertragsschluss zur Verfügung gestellt werden. Die Wirksamkeit des Vertrages hängt dann allerdings davon ab, dass der Kunde nach Erhalt der Vertragszusammenfassung den Vertrag in Textform genehmigt.

Vergleichsinstrumente

Die TKG-Novelle schreibt vor, dass Verbraucher kostenlosen Zugang zu mindestens einem unabhängigen Vergleichsinstrument haben, mit dem diese verschiedene Internetzugangsdienste und Telekommunikationsdienste vergleichen und beurteilen können. Die Anbieter müssen die dafür benötigten Daten zur Verfügung stellen.

Vertragslaufzeiten

Bei den Vertragslaufzeiten im Mobilfunk und im Festnetz wird es Anpassungen zugunsten der Verbraucher geben. Verträge können sich auch zukünftig stillschweigend verlängern, sollen nach Ablauf der Mindestlaufzeit künftig jedoch jederzeit mit einem Monat Frist gekündigt werden können. Verträge mit einer Laufzeit von 24 Monaten bleiben weiterhin möglich, sofern gleichzeitig die Möglichkeit zum Abschluss eines Vertrages mit einer Laufzeit von 12 Monaten besteht, der maximal 25 Prozent teurer ist als der Vertrag mit längerer Laufzeit.

Tarifberatung

Telekommunikationsanbieter sind zukünftig dazu verpflichtet, die Kunden hinsichtlich des für den jeweiligen Endnutzer besten Tarifs in Bezug auf ihre Dienste zu beraten. Sie müssen hierbei insbesondere den vom jeweiligen Endnutzer genutzten Umfang der Dienste berücksichtigen. Die hieraus gewonnen Ergebnisse müssen dem Kunden mindestens einmal pro Jahr mitgeteilt werden.

Geschwindigkeit

Die Nicht-Einhaltung der im Vertrag zugesicherten Bandbreite soll zukünftig eine direkte rechtliche Konsequenz haben. Zum einen hat der Kunde in diesem Fall das Recht, die Rechnung angemessen zu mindern, zum anderen hat er in diesem Fall ein außerordentliches Kündigungsrecht ohne Kündigungsfrist.

Entstörung

Der Verbraucher kann von einem Anbieter eines öffentlich zugänglichen Telekommunikationsdienstes verlangen, dass dieser eine Störung unverzüglich und unentgeltlich beseitigt. Wenn der Anbieter die Störung nicht innerhalb eines Arbeitstages nach Eingang der Störungsmeldung beseitigen kann, ist er verpflichtet, den Verbraucher spätestens innerhalb des darauffolgenden Arbeitstages darüber zu informieren, welche Maßnahmen er eingeleitet hat und wann die Störung voraussichtlich behoben sein wird. Wird die Störung nicht innerhalb von zwei Arbeitstagen nach Eingang der Störungsmeldung beseitigt, kann der Verbraucher ab dem Folgetag eine Entschädigung verlangen, es sei denn der Verbraucher hat die Störung zu vertreten. Eine Entschädigung kann ab dem dritten Arbeitstag pro Tag des vollständigen Ausfalls des Dienstes verlangt werden. Die Höhe der Entschädigung beträgt am dritten und vierten Tag 5 Euro oder 10 Prozent und ab dem fünften Tag 10 Euro oder 20 Prozent der vertraglich vereinbarten Monatsentgelte bei Verträgen mit gleichbleibendem monatlichem Entgelt, je nachdem, welcher Betrag höher ist.

Anbieterwechsel

Die Anbieter müssen bei einem Anbieterwechsel sicherstellen, dass die Leistung des abgebenden Anbieters gegenüber dem Endnutzer nicht unterbrochen wird, bevor die vertraglichen und technischen Voraussetzungen für einen Anbieterwechsel vorliegen, es sei denn, der Endnutzer verlangt dieses. Der aufnehmende Anbieter stellt sicher, dass die Aktivierung des Telekommunikationsdienstes am mit dem Endnutzer ausdrücklich vereinbarten Tag unverzüglich erfolgt. Die Leistung darf nicht länger als einen Arbeitstag unterbrochen sein.

Insgesamt hält die TKG-Novelle also einige Neuerungen bereit, die für TK-Anbieter eine große Herausforderung darstellen und auch die Abläufe im Kundenservice beeinflussen werden. Insbesondere die vertrieblich geprägten Aufgaben an der Hotline sind dadurch starken Anpassungen unterworfen. Aber auch im sonstigen kaufmännischen und technischen Kundenservice bei den Telekommunikationsanbietern stehen die Unternehmen vor der Aufgabe, die zahlreichen Änderungen rechtzeitig umzusetzen.

Felix Prömel (Partner)

Tipp 376: Prozessoptimierung – mit Process Mining und Prozesskostenrechnung bessere Entscheidungen treffen und Kostenziele erreichen

Budgetorientiertes wirtschaftliches Handeln und die Optimierung der Kosten sind alltäglich in allen Bereichen der Unternehmen. Dabei steht oftmals der Customer Service mit seinen personalintensiven Abläufen besonders im Fokus.

Kosten im Customer Service

Machen wir uns nichts vor – auch die Ansprüche der Kunden an den Customer Service sind höher als je zuvor. Durch Digitalisierung und Automatisierung besteht die Erwartung, dass die Anfragen und Anliegen, übermittelt von diversen Touchpoints über die verschiedensten Kanäle, schnellstens und mit hoher Qualität bearbeitet werden.

Die hohen Kundenerwartungen haben allerdings nicht zur Folge, dass die Kostenbudgets für diese Unternehmensbereiche ebenso in den Himmel wachsen – im Gegenteil. Zur Erreichung von EBIT und Gewinn kämpfen die verantwortlichen Führungskräfte im Customer Service oftmals mit Sparvorgaben und jährlich sinkenden Kostenbudgets, die zur Verfügung stehen.

Als Reflex folgen dann pauschale Kürzungen der Personalkosten, generelle Outsourcing Maßnahmen oder andere undifferenzierte Maßnahmen, um dem neuen Budget gerecht zu werden. Und das natürlich mit der Erwartung (oder sollte man sagen Hoffnung), dieses werde sich schon nicht so stark auf die Qualität des gebotenen Kundenservice auswirken – leider meistens ein Trugschluss. In der Realität ist das häufig der Anfang einer qualitativen Abwärtsspirale.

Prozesse und Kosten

Was kann man trotzdem tun, um zielgerichtet und nachhaltig im Customer Service ein aktives Kostenmanagement zu betreiben, ohne die

Qualität der Angebote an den Kunden zu verschlechtern und damit negativ auf die Customer Experience einzuwirken?

Es kommen verschiedene Maßnahmen in Frage, die aber alle eine wichtige Voraussetzung vereint – die ausreichend genaue Kenntnis der Prozesse im Kundenservice. Dies ist ein wichtiger Faktor für den Erfolg. Um eine zielgerichtete Optimierung durchzuführen, muss man Prozessverständnis schaffen, implizites Wissen aufdecken und bestehende Prozesse harmonisieren können.

Prozesskostenrechnung statt Zuschlagskalkulation

Nur wenn die Abläufe und Prozesse zu Kundenauftragsabwicklung, Reklamation und Beschwerde, Zahlung und Bonität also ausreichend bekannt sind, kann zielgerichtet optimiert werden. Um dann den Service in Hinblick auf die Kosten weiterentwickeln zu können, müssen auch die detaillierten Kosten für diese Prozesse ermittelbar sein.

Um den Aufwand der Messung und Erfassung der direkt verursachten Kosten in den Prozessen im Rahmen zu halten, ist der Einsatz eines modernen Process-Mining-Tools angeraten. So können die Ist-Verläufe aller Prozesse und auftretenden Kundenvorgängen genau mitverfolgt werden, ohne dass gesonderte Data-Mining-Anwendungen aufgesetzt werden müssen.

Wir reden hier also über eine Prozesskostenrechnung, die von der häufig verwendeten pauschalen Zuschlagskalkulation für indirekte Unternehmensbereiche abweicht und eine verursachungsgerechte Kostenzuordnung von bestimmten Services ermöglicht. Mit der Prozesskostenrechnung sollen die Aufwände, die ein Prozess im Customer Service verursacht, möglichst genau ermittelt werden. Damit werden Kostenstrukturen und Kostentreiber transparenter und Optimierungsentscheidungen in den Serviceabteilungen zielgerichtet und effektiv.

In Projekten zur Anwendung der Prozesskostenrechnung haben sich folgende Meilensteine bewährt:

Schritt 1: Anwendungsbereich der Prozesskostenrechnung bestimmen

Die dauerhafte Einführung der Prozesskostenrechnung ist zunächst einmal relativ aufwendig, da zur Abbildung der Prozesslandschaft ein Process-Mining Tool implementiert werden sollte. Es sollte sehr genau geprüft werden, für welche Serviceprozesse sich die Anwendung lohnt und eignet. In den Fokus treten dabei besonders die sich häufig wiederholenden und relativ gleichartig auszuführenden Prozesse wie z.B. bestimmte wiederholende Anforderungen der Kunden, bestimmte Reklamationsarten, sich monatlich wiederholende Anforderungen, Preis- und Angebotsanfragen. Folgende Fragen können u.a. hilfreich sein für die Auswahl:

- Bei welchen Prozessen lassen sich durch Optimierungen kurzfristige schnelle Kosteneinsparungen realisieren?
- Wo entsteht ein Großteil der Gemeinkosten im Kundenservice?
- Welche Serviceprozesse haben Potential für ein künftiges Outsourcing?
- Welche Servicebereiche beeinflussen die Customer Experience besonders?

Welcher Serviceprozess verläuft über mehrere Abteilungen?

Schritt 2: Ermitteln der relevanten Prozesse/Teilprozesse im Kundenservice

Ausgangspunkt der Prozesse sind die Tätigkeiten und Aktivitäten der Mitarbeiter, um die jeweiligen Serviceanfragen zu bearbeiten. Diese Aktivitäten werden zu Teilprozessbeschreibungen zusammengefasst und systematisch dokumentiert. Der dokumentierte Teilprozess identifiziert dann im Sinne der Prozesskostenrechnung:

- die Ressource, die zur Erstellung genutzt wird (z.B. „ein Mitarbeiter des Kundenservice")
- die Merkmale und Rahmenbedingungen, wie die Serviceanfrage zu erledigen ist

- die Bearbeitungs- und Durchlaufzeit (also z.b. „30 in Bearbeitungszeit und 4 Stunden Wartezeit an der Schnittstelle zur nächsten Abteilung")
- das gewünschte Ergebnis, das den Teilprozess abschließt (also z.b. „Rechnungskopie wird versendet").

Schritt 3: Ermitteln der Werte der anfallenden Kosten und der Kostentreiber

Jetzt werden zu jedem dokumentierten Teilprozess die zugehörigen Ressourcen identifiziert. Zu diesen Ressourcen gehören hauptsächlich die betreffenden Mitarbeiter, die diesen Teilprozess erledigen und die Gesamtkosten, die dadurch entstehen. Weiterhin könnten aber auch Sachkosten eine Rolle spielen, welche im betreffenden Teilprozess anfallen. Sofern durch die Wartezeit eines Teilprozesses im Übergang zur nächsten Abteilung Kosten entstehen, müssen diese ebenfalls beziffert werden. Die resultierenden Gesamtkosten werden pro Teilprozess in eine Verrechnungseinheit pro Zeiteinheit (in der Regel pro Minute) umgerechnet. Kostentreiber in Serviceprozessen sind in aller Regel z.B. die Menge der eingehenden Anfragen oder die Anzahl an Tickets und Vorgänge, die erledigt werden müssen.

Schritt 4: Implementierung dieser Prozesse in einem Process Mining-Tool

Anhand von zeitlichen Verlaufsdaten (Zeitstempel), welche aus den im Prozess verwendeten elektronischen Systemen (CRM, ERP etc.) extrahiert werden, kann nun eine Prozesslogik im Process-Mining-Tool aufgebaut werden. Die Implementierung der fokussierten Teilprozesse bringt damit dem operativen Kostencontrolling die nötigen Datenwerte. So ist es möglich, jeden Teilprozess mit den täglich im Service anfallenden Kundenvorfällen im Ist-Zustand zu überwachen und vor allem die zeitlichen Kennzahlen abzulesen. Diese werden dann für die genaue Kostenzuordnung bezüglich der Mitarbeiterressource genutzt. Es empfiehlt sich, mit einigen wenigen Teilprozessen zu beginnen, Erfahrungen zu sammeln und dann nach und nach weitere Teilprozesse zu implementieren.

Schritt 5: Prozesse analysieren und Prozesse mit größten Einsparpotential identifizieren

Aufgrund der Überwachung der Teilprozesse im Process Mining Tool kann nun durch vielfältige Betrachtungsmöglichkeiten der Teilprozess intensiv analysiert werden. Die in Schritt 2 ermittelte Verrechnungseinheit wird mit der verbrauchten Zeit des Teilprozesses/der Kundenanfrage multipliziert. Als Ergebnis erhält man einen äußerst genauen Verrechnungssatz für die „verbrauchte Teilprozess-Minute".

Mögliche Fragestellungen zur weiteren Analyse können z.b. sein:

- Wie oft pro Zeiteinheit trat diese Anfrage auf?
- Welche Kosten sind (im Durchschnitt pro Zeiteinheit oder auf die einzelnen Anfragen gesehen) entstanden?
- Welche Teilprozesse sind kosteneffizient?
- Welche Teilprozesse sind die Hauptverursacher der Gesamtkosten?

Schritt 6: Optimierungsmaßnahmen der priorisierten Prozesse/Teilprozesse vornehmen

Für die Optimierung von Prozessen gibt es zahlreiche Techniken und mögliche Vorgehensweisen. Wie man sinnvollerweise dabei vorgeht und welche Schritte notwendig sind, kommt immer auf die Art des Prozesses und die Problemstellung an. Ergibt sich aus der Analyse Optimierungspotential für viele Serviceprozesse gleichzeitig, so ist die Konzentration auf zunächst einige wenige Optimierungsvorhaben geboten. So können sich knappe personelle Ressourcen auf die Lösung von wenigen parallelen Optimierungsvorhaben konzentrieren und der Kostenoptimierungserfolg ist wahrscheinlicher. Kostenoptimierungsansätze in Serviceprozessen sind z.B. häufig:

- Reduzierung der Durchlaufzeit für einen Kundenvorgang
- Reduktion von Wartezeiten der Kundenvorgänge
- Konzentration der Bearbeitung auf weniger durchlaufende Abteilungen

- Sicherstellung des gemeinsamen Verständnisses von Kunde und Unternehmen, was bei welchen Anfragen notwendig ist
- Eliminierung von unnötigen Teilprozessen, die keinerlei Nutzen bringen
- Eliminierung von Serviceangeboten, die vom Kunden nicht bezahlt werden
- Erhöhung der Durchlaufmenge von Kundenanfragen pro Zeiteinheit durch (Teil-) Automatisierung
- Reduzierung der Anfragemenge durch Vermeidungsstrategien.

Schritt 7: Kostencontrolling auf Basis der Prozessleistungsanalyse aus dem Mining-Tool etablieren

Die beschriebenen Optimierungen können nun auf Basis der Daten aus dem Process Mining für alle relevanten Serviceprozesse durch entsprechende KPIs dauerhaft sichergestellt werden und in beliebigen Intervallen ergänzt oder modifiziert werden. Nach und nach können weitere Prozesse in die Überwachung aufgenommen werden, so dass eine immer höhere Transparenz bezüglich der Gesamtperformance respektive der Gesamtkosten erzeugt wird. Damit ist ein zielgerichtetes Optimieren der Serviceangebote im Customer Service möglich.

Fazit

Die Anwendung der Prozesskostenrechnung ist sinnvoll für Prozesse im Kundenservice, die sich wiederholen, homogen sind und in ausreichender Anzahl auftreten. Die Process Mining Technologie ermöglicht es uns, die Prozesskosten mit vertretbarem Aufwand aufkommensgenau zu erfassen, indem es die operativen Daten analysiert.

Bei der großen Menge an Informationen bezüglich der Zahlen und Kosten und der umfassenden Analyse der Prozesse gilt es, die Erkenntnisse in Maßnahmen zur Verbesserung der Prozesse zu übersetzen. Hier erreichen viele Unternehmen nicht immer das, was möglich wäre und sind enttäuscht, wenn sich die wirtschaftlichen Erfolge hinsichtlich der Kostenreduktion nicht einstellen. Es gilt daher sich zu fokussieren und die

Optimierungen anhand einer Prioritätenliste abzuarbeiten, um die involvierten Mitarbeiter nicht zu überfordern.

Wer die Prozesskosten-Rechnung nicht nur einmalig nutzt, sondern dauerhaft betreibt, hält seinen Customer Service fit für den Wettbewerb und beugt einem automatisch wachsenden Gemeinkostenbudget vor.

Mehr Transparenz bei den Kosten führt in vielen Fällen dazu, dass die Mitarbeiter selbst größeres Kostenbewusstsein entwickeln. Sie erkennen, welche Faktoren für den Umfang Ihrer Arbeit im Customer Service und für die entstehenden Kosten entscheidend sind.

Michael Fürst (Berater)

Tipp 377: Servicekontakte – das tägliche Zeugnis einer zunehmenden Verrohung der Gesellschaft

Mitarbeiter in Contact Centern haben es nicht leicht. Ich-bezogene Kunden, die nur eines im Sinn haben: Das eigene Anliegen möglichst optimal für sich selbst, kompromisslos und vielfach ohne Rücksicht auf andere durchzusetzen – und das häufig ohne wirklich berechtigten Anspruch.

Egal welche Branche oder welche Art von Servicehotline, inzwischen sind mir in 25 Jahren im Kundenservice so viele Beispiele aufgefallen, dass ich das Phänomen für einen Tipp der Woche erwähnenswert finde. Nicht zuletzt auch deshalb, da zumindest in meiner Wahrnehmung das Thema (leider) im Laufe der Zeit an Intensität erheblich zugenommen hat.

Das beginnt mit der Erwartungshaltung der Kunden, jederzeit jemanden sofort telefonisch im Contact Center zu erreichen. Selbst kürzeste Wartezeiten sorgen bei manchen Kunden bereits dafür, dass eine zunehmende Ungeduld wächst und damit häufig erstes Ungemach bereits beim Gesprächseinstieg entsteht. Dass der Kundenberater für eine längere Wartezeit persönlich nichts kann, spielt dann bereits für den Anrufenden schon keine Rolle mehr. Erste Unmutsäußerungen zu Wartezeiten, schlechten Erreichbarkeiten und andere negative Kommentare starten das Gespräch z.T. mit vehementen Beschimpfungen, ohne mit einer Portion Gelassenheit zum eigentlichen Grund des Anrufes gekommen zu sein. Sind wir mal ehrlich, wer hat da Lust überhaupt noch jemanden zu bedienen, wenn er gleich von der Seite angepflaumt wird?

Je nachdem, um welches Anliegen es sich handelt, kann man beobachten, wie selbstbezogen und egoistisch Kunden in vielen Fällen in der Korrespondenz agieren. Der eigene Wille muss kompromisslos durchgesetzt werden, egal ob es um Reklamationen oder Liefertermine und -zeiten geht, die nahezu „turnusmäßige" Kündigung von Verträgen, um bessere Angebote zu erhalten oder bei der Führung von Beschwerden auch noch so ungerechtfertigte Forderungen zu stellen. Die Distanz über das Telefon sorgt immer wieder dafür, dass sich ein ums andere Mal für den Mitarbeiter im Service eine unangenehme Situation einstellt, da er, im Rahmen der vom Unternehmen vorgegebenen Richtlinien und Anweisungen, den Forderungen des Kunden regelmäßig einfach nicht gerecht werden kann. Der Kundenberater wird häufig zum Blitzableiter für die Kunden. Dass so mancher Kunde sich selbst der Lächerlichkeit preisgibt, sich wie ein Rumpelstilzchen aufzuführen, darüber ganz zu schweigen – jeder blamiert sich für sich selbst.

Wird ein Anliegen nicht zur Zufriedenheit des Kunden gelöst, bestraft dieser in der Regel durch Eskalation, Beschwerde oder schlechte Bewertungen und das häufig auch dann, wenn er fachlich, vertraglich oder auch inhaltlich im Unrecht ist.

Dieses Verhalten lässt sich natürlich auch in anderen Lebensbereichen beobachten. Anonymität und Distanz in sozialen Medien fördern Aggressivität in der Kommunikation und Distanzlosigkeit zwischen Andersdenkenden. Rettungskräfte werden bei Einsätzen angegriffen und das ohne Rücksicht auf deren Leben und das Leben derer, die sie retten wollen. Auch in Politik und Wirtschaft wird munter gelogen, betrogen, bereichert, beschuldigt und Rufmord betrieben; und das parteiübergreifend, oftmals grenzen- und schamlos.

Wo bleiben die Vorbilder, an denen sich die Gesellschaft orientieren soll? Eltern schieben Erziehung auf die Lehrer ab, Politiker die Verantwortung auf die Pandemie, Wirtschaftsbosse setzen Profitabilität vor Menschlichkeit, kleinste Nachbarschaftsstreitereien landen vor Gericht und Fußballprofis brechen Verträge wegen ein paar zusätzlicher Millionen auf die, die sie ohnehin schon verdienen.

Narzissmus und Ich-Bezogenheit sind an der Tagesordnung, werden extrovertiert gelebt und (leider meistens) auch noch belohnt. Daher wundert es nicht, dass es auch im Kundenservice tagtäglich Gewinner und Verlierer gibt. Meistens ist der Kunde der Gewinner, aus Kulanzgünden, Sorge über schlechte Internetbewertungen, mangelnde Weiterempfehlungsquoten oder einfach, weil er laut wird und sich kompromisslos das holt, von dem er meint, dass es ihm zusteht.

Wie kann man dieser Situation entgegenwirken? Wahrscheinlich nur über die Selbstreflektion eines jeden Einzelnen, im Servicekontakt wie in anderen Lebensbereichen auch, etwas mehr Gelassenheit, Freundlichkeit und Menschlichkeit an den Tag zu legen.

Auf die Frage nach einer Richtschnur des Handelns für das ganze Leben soll Konfuzius bereits gesagt haben: *„Das ist ‚gegenseitige Rücksicht- nahme‘. Was man mir nicht antun soll, will ich auch nicht anderen Men- schen zufügen."*

Diese Leitlinie in eigenen Servicekontakten zu berücksichtigen, sollte als erster Schritt dazu dienen, es etwas besser zu machen. Am Ende für sich selbst, den Servicemitarbeiter auf der anderen Seite und für die Qua- lität des Servicekontaktes an sich.

Henning Ahlert (Managing Director)

Tipp 378: Was einen guten RPA Business Case ausmacht

RPA (Robotic Process Automation) ist mittlerweile ein No-Brainer im Kundenservice. RPA gehört zu den Maßnahmen mit einem direkten ROI. Die Umsetzung führt also direkt zu einem klar berechenbaren Return im Gegensatz zu Maßnahmen, bzw. Investitionen, die entweder nur mittelbar zu einem Return führen – z.b. sämtliche Analytics, deren Ergebnisse erst in einem zweiten Schritt dazu genutzt werden können, um KPI Optimierungen als Return zu erzielen – oder nur mit einer gewissen Wahrscheinlichkeit zu einem Return führen – z.b. die Einstellung eines Experten oder die Durchführung einer Marketing Kampagne.

Bitte nicht falsch verstehen: RPA kann und soll die vorgenannten Maßnahmen mit mittelbarem, bzw. indirektem ROI nicht ersetzen (teilweise helfen diese sogar dabei, RPA Potenziale zu eruieren). Jedoch sollen hier die Vorteile der engen Bindung von Investment und Return aufgezeigt werden.

Welche Parameter sind also für die Berechnung einzubeziehen? Klar: die Kosten für die Implementierung und die Lizenzen für eine geeignete RPA Lösung verglichen mit den Lohnkosten, die aufgrund von RPA nicht anfallen (nicht eingestellt oder abgebaut) und daher eingespart werden können. Das ist aber noch nicht die ganze Wahrheit. Auf der Kostenseite kommen neben den Kosten für die RPA Applikation noch die Governance Kosten hinzu. RPA ist kein Selbstläufer, sondern muss nach der Implementierung laufend weiter betreut werden. Dafür ist je nach Volumen und Komplexität ein entsprechend dimensioniertes Rollenmodell notwendig.

Und auf der Einsparungsseite sind es eben nicht nur die reinen Lohnkosten (zzgl. Sozialnebenkosten), die anzusetzen sind, sondern Arbeitnehmer-Vollkosten. Jeder Mitarbeiter im Kundenservice, den man aufgrund von RPA nicht mehr zusätzlich einstellen muss, spart Kosten für Mietfläche, Arbeitsplatz, technische Ausstattung und Fluktuationsausgleich. Letzteres umfasst Kosten für die Neurekrutierung und Einarbeitung neuer Mitarbeiter inkl. Produktivitätslernkurve in den ersten Wochen und Monaten. Je nach Komplexität der Geschäftsprozesse im Kundenservice und der damit verbundenen Schulungsdauer und Einarbeitungszeit kann ein neuer Mitarbeiter zwischen 5.000 und 10.000 Euro kosten. Bei einer jährlichen Fluktuationsquote im Kundenservice von bspw. 15 Prozent wären das pro Mitarbeiter und Jahr kalkulatorisch immerhin zwischen 750 und 1.500 Euro. Zu einer Vollkostenberechnung zählen natürlich auch Kosten für die Führung und den Support der Mitarbeiter. Besonders relevant ist eine Vollkostenbetrachtung für den RPA Business Case, wenn man durch die Nicht-Einstellung neuer Mitarbeiter sprungfixe Kosten vermeiden kann (z.b. die Hinzunahme neuer Mietflächen oder den Aufbau neuer Führungs- kräfte oder zentraler Supportfunktionen) oder man durch Mitarbeiterab- bau solche Kosten zurückfahren kann.

Darüber wird aber nicht so gerne gesprochen. Eher wird gesagt – und das ist ja auch oft richtig – dass es nicht um den Abbau von Mitarbeitern geht, sondern um die Entlastung der bestehenden Mitarbeiter von lästigen Routineaufgaben. Das rechnet sich natürlich nur dann, wenn die freige- wordene Zeit wieder wertvoll eingesetzt werden kann für Tätigkeiten, die sich z.B. in Sales oder Kundenbindung auszahlen. Andernfalls hätte man durch RPA nur zusätzliche Kosten im Vergleich zu entlasteten Mitarbei- tern. Deren höhere Zufriedenheit und reduzierte Krankenquote mag die Mehrkosten immerhin zum Teil ausgleichen.

Wie sicher tritt der in einem RPA Business Case berechnete Zustand ein? Zu welchen Kosten sich die Geschäftsprozesse mit RPA produzieren lassen, lässt sich sehr genau berechnen. Und wenn RPA eingesetzt werden soll, um im Rahmen eines Wachstums der Aufgaben im Kundenservice ei- nen sonst notwendigen Personalaufbau nicht vornehmen zu müssen, wird man den Case sehr genau treffen. Wenn zu dem Case gehört, dass die Zeit von bestehenden Mitarbeitern in eine optimierte Wertschöpfung gelenkt werden soll oder ein Mitarbeiterabbau vorgesehen ist, gilt es, diesen Plan im Vorfeld detailliert mit Operations abzustimmen und die Umsetzung si- cherzustellen.

Für einen RPA Business Case gilt es also (wie in jedem anderen Business Case auch), auf der einen Seite alle Kosten und Benefits zu berücksichtigen und auf der anderen Seite die gegebenenfalls. eingeplanten

Veränderungen in der Auf- und Ablauforganisation auch stringent umzusetzen. Wenn man sich genau an diesen Plan hält, kann man sicher sein, dass der Case in der Umsetzung auch genauso eintritt.

Jonas Leismann (Partner)

Tipp 379: Chancen und Herausforderungen einer strukturierten Datenhaltung

Weiterentwicklung und Optimierung sind unerlässlich für Unternehmen, um sich gegen die Konkurrenz abzuheben, Kunden zu gewinnen oder die Zufriedenheit der Bestandskunden zu erhöhen. Welche Maßnahmen zu welcher Zeit ergriffen werden müssen, um die gesteckten Ziele zu erreichen, basiert oftmals auf der Auswertung von den im Unternehmen gesammelten Daten. Das Auswählen der maßgeblichen Kennzahlen sowie deren Interpretation sind häufig die Weichenstellung, die über den Erfolg oder Misserfolg beispielsweise einer Werbekampagne oder einer CRM-Maßnahme entscheiden. Doch die grundlegende Bedingung für diesen Prozess ist die im Unternehmen vorherrschende Datenqualität.

In nahezu allen Bereichen von Unternehmen fallen erhebliche Mengen Daten an, die dann meist in Datenbanken gesammelt werden. Selten ist die Menge oder Diversität der Daten der Engpass, wenn es darum geht, die richtigen Drehschrauben zu finden, um das Projekt zum Erfolg zu führen. Die Herausforderung besteht vielmehr in der Datenqualität sowie darin, die maßgeblichen Zahlen zu identifizieren. Ob eine gute Datenqualität vorliegt, ist dabei sehr subjektiv und hängt davon ab, welches Ziel erreicht werden soll.

Durch immer weiterwachsende Speicherkapazitäten können Unternehmen leicht mehr Daten sammeln und vorhalten. Doch die neue Menge an Daten kann sowohl Segen als auch Fluch sein: welche Daten sind für mein Projekt tatsächlich relevant? Ganz einfach gesagt: Je größer die Datenbasis, desto mehr lässt sich daraus ablesen, aber desto komplexer gestaltet sich auch die Frage, welche Daten wirklich relevant sind.

Darüber hinaus werden Daten oftmals in unterschiedlichen Systemen erfasst, die organisch gewachsen sind und die selten miteinander verknüpft sind. Soll nun eine Auswertung angefertigt werden, müssen mühsam die Daten aus verschiedenen Sammelstellen gezogen und miteinander in Verbindung gebracht werden. Je nach Menge der einge- setzten Systeme birgt dieses Verfahren ein großes Potenzial für Ungenau- igkeiten und Fehler. Die Folge ist meist eine unterschiedliche "Auslegung" derselben Kennzahlen. Daraus entsteht eine Unsicherheit, welche Daten wie miteinander verknüpft und für den Entscheidungsprozess herangezo- gen werden sollen.

Um das volle Potenzial der in Ihrem Unternehmen zur Verfügung ste- henden Daten zu nutzen, ist es in einem ersten Schritt unbedingt notwen- dig, gute – und zwar wirklich gute, nämlich sinnvolle – KPIs zu definieren. In diesem Zusammenhang gilt es, Qualität über Quantität zu stellen. Über- legen Sie sich, welche Kennzahlen einen unmittelbaren Rückschluss auf den Stand einer Kampagne erlauben und welche Zahlen eher für eine tie- fere Analyse im Zuge beispielsweise einer möglichen Ursachenforschung geeignet sind. Sie können in diesem Zusammenhang auch neue KPIs aus mehreren Einzelwerten kombinieren.

Es lohnt sich zudem frühzeitig ein Konzept zu entwickeln, wie die Daten in Ihrem Unternehmen strukturiert hinterlegt werden können. Versuchen Sie, die Menge an Systemen beziehungsweise damit verknüpften Daten- banken gering zu halten. Welche Systeme können vielleicht zusammenge- legt werden? Spiegeln die vorhandenen Systeme den Bedarf wieder? In diesem Zusammenhang ist es auch ratsam, die Einführung eines BI Sys- tems zu erwägen. Verfügen Sie über eine strukturierte Datenbasis und eine gute Datenqualität können Sie leicht das volle Potenzial Ihrer Daten zu nutzen.

Dominikus Leicht (Junior Berater)

Tipp 380: Telesales – 4 Tipps für mehr Erfolg in der Telefonakquise

"Ich habe da mal eine Frage ...", „Bin ich bei Ihnen richtig ..." – ein typischer Gesprächseinstieg, den jeder schon mal gehört hat und der bei den meisten die Augen rollen lässt. Warum beginnen Telesales-Mitarbeiter ihr Akquise Gespräch mit diesen Floskeln? Ihr Gesprächspartner möchte nicht lange warten um zu erfahren, was der wirkliche Grund des Anrufes ist. Umso wichtiger sind ein prägnanter Einstieg und eine klare Gesprächsstruktur, denn nur so kommen Sie überzeugend rüber und bleiben im Gespräch.

Denn der Telesales ist trotz aller bestehenden Herausforderungen und zum Teil auch Vorurteilen ein nicht zu vernachlässigender Vertriebskanal. Als Bestandteil einer gesamtheitlich zu betrachtenden Vertriebsstrategie bietet er viel Potenzial zur Neukundengewinnung, Bestandskundenpflege und Kundenrückgewinnung. Aber ein einfaches „drauf los"-telefonieren ist nicht nur nicht erlaubt, es wirft auch kein gutes Licht auf das Unternehmen und seinen Vertrieb.

Der Telesales sollte daher eine ebenso hohe Aufmerksamkeit als Bestandteil des Direktmarketings genießen wie andere Vertriebskanäle. Um einen erfolgreichen Telesales zu etablieren und zum Erfolg zu führen, sollten Sie sich im Vorfeld folgende Punkte veranschaulichen.

1: Welches Ziel verfolgen Sie?

Zu allererst sollten Sie Ihr Ziel definieren.

*   Welche Ergebnisse möchten Sie erreichen?
*   Wollen Sie über die aktive telefonische Ansprache neue Kundenpotenziale identifizieren und qualifizieren und einen ersten Kontakt herstellen?
*   Möchten Sie über den Telesales einen qualifizierten persönlichen Termin vereinbaren, den ein weiterer Vertriebskanal, z.B.

der Außendienst (Account Management) vertrieblich nutzen soll?

- Oder ist Ihr Primärziel der „Direktverkauf" am Telefon?

Den Telesales als reines Instrument der Bestandskundenpflege und der Kündigungsprävention zu nutzen kann ebenso im Fokus Ihrer vertrieblichen Aktivitäten liegen. Seien Sie sich zu Beginn im Klaren darüber, welches Ziel Sie erreichen möchten. Ist das Ergebnis auch entsprechend messbar? Denn ohne konkret messbares Ziel wird Ihr Telesales nicht erfolgreich.

2: Wen wollen Sie erreichen?

Wer ist im angesprochenen Unternehmen Ihre Zielperson? Ist diese bereits bekannt? Im Telesales ist diese Frage elementar. Klären Sie daher zum Start Ihrer Kampagnen zunächst eindeutig, wen Sie erreichen möchten. Damit Ihre Telesales-Kampagne erfolgreich wird, benötigen Sie entsprechend ein genaues Zielgruppenprofil. Wer ist der Entscheider, mit dem Sie über Ihren Anrufgrund sprechen möchten.

Ihr Adresspotenzial muss daher optimal qualifiziert sein. Ohne qualifiziertes Adressmaterial werden Sie keinen Erfolg haben. Sich durchzufragen kostet viel Zeit und ist wenig erfolgversprechend.

3: Was wollen Sie mit dem Gespräch erreichen?

Welches Kundenproblem möchten Sie lösen? Stellen Sie im Gespräch den Nutzen Ihres Produktes dar. Verknüpfen Sie dies dann mit den Problemstellungen des Kunden. Nur wenn Ihr Gesprächspartner Ihnen zuhören möchte, haben Sie die Chance auf ein gutes Gespräch. Welchen USP hat Ihr Produkt gegenüber dem Wettbewerb. Sie müssen im Erstgespräch nicht unbedingt ins Detail gehen. Das kann auch Inhalt einer Folgeaktion sein. Schaffen Sie Interesse und kümmern Sie sich um die Problemstellung des Kunden.

4: Bauen Sie eine Beziehung auf!

Der erste Kontakt ist mehr als nur ein einfaches Telefonat. Planen Sie daher Ihre Telesales-Kampagne mit anderen Kommunikationsinstrumenten zu kombinieren. Eine Kombination mit E-Mails, Postmailings oder Online-Kampagnen sind hier regelmäßig hilfreich.

Legen Sie Ihren Fokus auf die folgenden Schritte:

1. Reichweite – Wecken Sie bei möglichst vielen Leads Aufmerksamkeit
2. Interaktion – Interaktion mit den Leads mit dem Ziel, eine Aktivierung durchzuführen
3. Transaktion – Call to Action – Auslösen einer Handlung: Anforderung von Material, Angebotsversand, Abschluss etc. (Transaktion)

Bleiben Sie dran und seien Sie verbindlich! Bauen Sie Vertrauen auf!

Wenn Sie sich diese Punkte veranschaulichen und Sie eine klare Vorstellung haben, welche Ziele Sie verfolgen, dann wird Ihr Vertriebskanal Telesales dauerhaft erfolgreich sein.

Stephan Plaß (Senior Berater)

Tipp 381: Warum sollte die Intraday-Steuerung zentral organisiert sein?

Die Intraday-Steuerung ist ein wesentliches Instrument innerhalb eines jeden Contact Centers. Nicht selten entscheidet die operative Tagessteuerung über die Wirtschaftlichkeit von Projekten. Im Folgenden möchte ich gemeinsam mit Ihnen in die wesentlichen Bestandteile der Steuerung eintauchen sowie die Vorteile einer zentralen Intraday-Steuerung aufzeigen.

Recap Workforcemanagement

In den meisten Contact Centern ist die Intraday-Steuerung ein fester Bestandteil des sogenannten Workforcemanagement. Dieses besteht in der Regel aus Kapazitätsplanung, Personaleinsatzplanung und Steuerung.

Intraday-Steuerung

Grob zusammengefasst geht es bei der operativen Tagessteuerung darum, bestehende Ressourcen effektiv einzusetzen und somit die Forecast-Erreichung sowie die Erreichung vorgegebener Ziele sicherzustellen. Auch kurzfristige Änderungen wie Anpassungen von Queues obliegen der Intraday-Steuerung.

Ein häufig beobachteter Fehler ist es, Teamleiter zusätzlich zu ihren im Allgemeinen qualitativen Aufgaben zusätzlich die Verantwortung der Steuerung zu überlassen. Zwar können so kurzfristig qualitative Ziele erreicht werden, lang- und mittelfristige quantitative Ziele wie Forecast-Erreichung hingegen werden hierdurch zumeist negativ beeinflusst.

Zudem birgt der Einsatz von Teamleitern als Steuerer die Gefahr, dass diese sich nicht oder nicht ausreichend um die Erreichung qualitativer KPI`s durch Coachings, Trainings, sowie weiterer Mitarbeitermaßnahmen kümmern. Ich habe noch keine Organisation kennengelernt, in der eine Vermischung der Rolle eines Teamleiters, mit der eines Intraday-Managers auf Dauer funktioniert hat.

Folgende Kommunikationskanäle zwischen Teamleitern und Steuerung sollten genutzt werden:

- Telefon
- Chat

Bitte machen Sie nicht den Fehler und lassen alles über E-Mail laufen. Außer natürlich Dinge, die keine schnelle Reaktionszeit erwarten. Diese können Sie auch weiterhin per E-Mail adressieren. Alles Weitere, also alles, was wichtig ist und schnell umgesetzt werden muss, sollte über die beiden oben genannten Kanäle laufen.

Täglicher Austausch: Steuerung und Operatives

Es empfehlen sich tägliche Austauschrunden zwischen operativer Tagessteuerung und Projektmanagement. Hierbei sollten Ziele besprochen und ein Fahrplan für den Tag erstellt werden. Ziel ist es, Transparenz für die Operative zu schaffen und Steuerungsziele zu verstehen sowie operativ umsetzen zu lassen.

Zusammengefasst sind folgende Learnings die wichtigsten:

- Lassen Sie Teamleiter Teamleiter sein und gehen Sie weg davon, diese noch mit zusätzlichen Steuerungsaufgaben zu beschäftigen.
- Zentralisieren Sie die Steuerung.
- Führen Sie tägliche Austauschrunden zwischen Steuerung und Projektleitung durch.

Wenn Sie diese Punkte beachten, steht einer erfolgreichen Steuerung nichts mehr im Weg. Zusätzlich entlasten Sie Teamleiter und schaffen somit mehr Zeit für Coachings.

Aaron Schmidt (Junior Berater)

Tipp 382: Data rich information poor

Aufgrund der systemischen Bearbeitung in Customer Service Centern sind wir in der Lage, eine Vielzahl von Daten zu erheben – angefangen bei der Telefonanlage über die CMS-Systeme bis hin zu Ergebnissen aus Kundenbefragungen. Und dennoch fällt es oft schwer, die Zahlen richtig zu lesen und zu deuten, um daraus Erkenntnisse zur Verbesserung der Prozesse und Abläufe und nicht zuletzt der Zufriedenheit für Mitarbeiter und Kunden zu generieren.

Was macht es so schwer und wo liegen Potenziale?

- Kommunikation zwischen den beteiligten Bereichen und adressatengerechte Aufarbeitung
- Deutung und Analyse der Kennzahlen (aggregierte Darstellung, historischer Blick)
- Aussagefähige Benchmarks
- Blinde Flecken
- Einhaltung von Datenschutzrichtlinien und Betriebsvereinbarungen

Kommunikation zwischen den beteiligten Bereichen und adressatengerechte Aufarbeitung

Um alle Sichtweisen und Besonderheiten zu berücksichtigen, ist es vor der Erstellung von Reports notwendig, alle beteiligten Bereiche (Adressat/Auftraggeber, Ersteller und Datenerzeuger) mit einzubeziehen und sich folgende Fragen zu stellen:

- Für was und wen wird der Report benötigt?
- Spiegelt die Kennzahl den gewünschten Grad an Informationsbedarf?
- Welche Darstellungszeiträume und welche Publikationsintervalle sind sinnvoll?
- Ist die quantitative Datenlage für eine qualitative Aussagekraft ausreichend?

Deutung und Analyse der Kennzahlen

Eine Kennzahl für sich gibt in der Regel nur einen eindimensionalen Einblick in die Performance. Das bedeutet, man kann die Entwicklung und eine Einordnung in der Vergleichsgruppe ablesen, aber um eine qualitative Einschätzung abgeben zu können, reicht eine eindimensionale Betrachtung in den meisten Fällen nicht aus. Als klassisches Beispiel: Eine schnelle Bearbeitungszeit ist nur positiv zu werten, wenn auch mindestens gute Qualitätsparameter einhergehen.

Zur Gesamtbeurteilung einer Bearbeitung muss also definiert werden, welches die für die Unternehmensziele wichtigsten Parameter sind, in welchem Korridor die Erreichung der einzelnen Parameter als gut, mittel und verbesserungsfähig eingeordnet werden und wie diese in der Gesamtbetrachtung zueinanderstehen.

Herausfordernd wird es in der aggregierten Darstellung, wenn Prozesse und Bereiche unterschiedliche Zielkorridore haben und der Mittelwert dadurch an Aussagekraft verliert. Beispielsweise hat eine Kundenzufriedenheitsbewertung in der Bestellannahme andere Ziele als das Beschwerdemanagement. Darüber hinaus spielt auch der Kundenkanal eine wesentliche Rolle. Es gilt also im Vorfeld gut zu überlegen, was man darstellen möchte.

Ein weiterer wichtiger Punkt ist die historische Entwicklungsbetrachtung. Auch hier gilt es sich im Vorfeld Gedanken über die geeigneten Zeiträume der Betrachtung für die jeweiligen Adressaten und Bedürfnisse zu machen. Die Tagessteuerung schaut eher auf kurze Zeiträume, in der qualitativen Langzeitentwicklung macht eine Darstellung von Tageswerten aber weniger Sinn. Auch hilft es beispielsweise System- und Prozessumstellungen aufzuzeigen, um auffällige Veränderungen zu markieren.

Aussagefähige Benchmarks

Wenn man zum Beispiel Teams, Standorte oder Bereiche miteinander vergleichen möchte, ist es notwendig sicherzustellen, dass diese auch vergleichbar sind, analog der Aggregation von Daten. Ein Kennzahlenvergleich verschiedener Bereiche macht nur Sinn, wenn es dieser auch zulässt.

Vergleicht man verschiedene Tätigkeiten oder Voraussetzungen miteinander, lenkt man die Diskussion weg vom Ergebnis hin zu Grundsatzdiskussionen ohne Mehrwert. Im schlimmsten Fall werden dadurch mögliche Zielerreichungen und Entwicklungsmöglichkeiten ohne valide Grundlage suggeriert.

Blinde Flecken

Es gibt in vielen Bereichen blinde Flecken. Diese gibt es in Bereichen, die nicht gemessen werden können, z.b. aufgrund fehlender systemischer Unterstützung wie Bearbeitungszeiten von E-Mails über Outlook bei prozessbedingten Wechseln in verschiedenen Systemen, die keine Auswertung ermöglichen oder aber Erhebungen mit solch geringen Volumen, worin einzelne Ausreißer die Kennzahl so stark beeinflussen können, dass deren Aussagekraft gen null geht.

Bei Erhebungen mit kleinerem Umfang gibt es jedoch die Möglichkeit, die Zeitspanne der Messungen zu erweitern beziehungsweise die Anzahl der Betrachtungsmenge in dem Maße zu erhöhen, sodass die Auftrittswahrscheinlichkeit oder der Einflussfaktor von Ausreißern minimiert wird.

Bei den systembedingt fehlenden Reportingmöglichkeiten oder Wechseln in Systemen können als Lösung dazu Systeme mit Reportingfunktionen, unterstützende Software oder manuelle Reportingmöglichkeiten eingeführt werden. Hierbei ist es sinnvoll, in der Wahl der Mittel den Kosten/Nutzen-Faktor zu berücksichtigen und nach Symbiosen mit anderen Prozessen und Bereichen zu suchen.

Einhalten von Datenschutzrichtlinien und Betriebsvereinbarungen

Auch wenn wir eine Vielzahl von Daten bis auf Individualebene erheben können, gilt es doch genau abzuwägen, welche auch im Hinblick auf den Datenschutz notwendig und sinnvoll sind. Welche Rechte, Rollen und Löschfristen sind zu beachten und was möchte man konkret aus den Daten lesen?

Betriebsvereinbarungen regeln dazu konkret, welche Daten aus welchen Systemen erhoben werden können/dürfen und wie mit den Ergebnissen gerade im Hinblick auf die Mitarbeiter umgegangen werden darf.

Fazit

Die Akzeptanz und der Nutzen von Reports steht und fällt mit seiner Aussagekraft und wie mit den Ergebnissen und analysierten Erkenntnissen umgegangen wird.

Zu jeder Kennzahl, die im Unternehmen veröffentlicht wird, ist es notwendig, sich die zuvor genannten Punkte zu verdeutlichen und in Zusammenhang mit dem gewünschten Nutzen in Einklang zu bringen.

Nur so lassen sich aus der Vielzahl an Daten informative Reports und Kennzahlen generieren. Und nur Kennzahlen, die akzeptiert und bekannt sind, helfen in der Einschätzung und in der Generierung von Verbesserungspotenzialen. Also weg von *data rich information poor* hin zu einer *data driven culture*!

Ralf Dinter (Senior Berater)

Tipp 383: NPS im Customer Service

Der NPS (Net Promoter Score), eine Methode zur Erhebung von Daten zur Kundenzufriedenheit, wird häufig im Onlinemarketing eingesetzt. Mit einer einfachen Frage möchten Unternehmen ihre Kunden nach der Bereitschaft befragen, ein Produkt oder eine Dienstleistung weiterzuempfehlen. Diese Methode der Kundenbefragung hat sich auch im Kundenservice etabliert und wird dort oft mit weiteren Fragen zur Kundenzufriedenheit (CSat) kombiniert.

Für die Ermittlung des Net Promoter Scores wird dem Kunden nur die Frage gestellt: „Wie wahrscheinlich ist es, dass Sie das Unternehmen/die Marke/das Produkt/einen Service einem Freund oder Kollegen weiterempfehlen werden?". Der Kunde hat hier die Möglichkeit, sein Feedback auf einer Skala von null (unwahrscheinlich) bis zehn (äußerst wahrscheinlich) zu geben. Die Antworten mit neun oder zehn bezeichnet man als Promotoren, sieben und acht gelten als Indifferente und null bis sechs sind Detraktoren. Der NPS berechnet sich aus der Differenz zwischen Promotoren (% aller Befragten) und den Detraktoren (% aller Befragten). Der Net Promoter Score kann dementsprechend zwischen 100 und – 100 liegen.

Im Kundenservice kann der Befragungskanal eine große Rolle spielen. Eine Befragung im direkten Anschluss an das Gespräch mit dem Kunden spiegelt eher die Kundenerfahrung mit dem Service direkt wider, im Gegensatz zu einer Befragung per E-Mail, die oft zeitversetzt und im besten Fall nach der letzten Interaktion versendet wird, die wiederum eher das Gesamtbild für das Unternehmen aufzeigt. Messenger, SMS und Chat sind Kanäle, die eine hohe Responsequote bieten. Der Kunde hat hier die Möglichkeit, schnell von seinem Smartphone oder Tablet zu antworten.

Wie können diese Feedbacks zur Verbesserung der Qualität im Customer Service verwendet werden? Dafür ist es wichtig, die Kundenfeedbacks detailliert zu analysieren. Da die Befragungen oft direkt aus dem CRM-System oder aus einem angeschlossenen Qualitätsmanagement-Tool verschickt werden, ist es möglich, ein im Service dokumentiertes Anliegen direkt mit dem Feedback in Verbindung zu bringen und den Anlass für das gegebene Feedback zu identifizieren. In den meisten Befragungen hat der Kunde die Möglichkeit, einen Freitext einzugeben oder bei einer telefonischen Befragung einen freien Text aufzusprechen. Diese Freitexte enthalten oft schon erste Indikatoren. Clustert man die Feedbacks nach Kundenvorgangstypen, lassen sich Rückschlüsse auf Prozesse, Kommunikation und Produkte ziehen.

Der Vorteil einer NPS-Befragung gegenüber einer Kundenzufriedenheitsbefragung liegt in der höheren Teilnehmerzahl. Viele positive und negative Meinungen können dadurch schnell und ohne großen Aufwand wahrgenommen sowie positiv und negativ eingestellte Kunden identifiziert werden. Ein Kritikpunkt ist die Qualität der Befragung. Viele Unternehmen setzen bei Kundenzufriedenheitsbefragungen auf das Schulnotensystem oder die Vergabe von Sternen. Hier ist den Kunden bewusst, welche Note positives oder negatives Feedback gibt. Beim Net Promoter Score wird das Punktevergabe-System oft als beliebig gesehen. Auf dem deutschen Markt erkennt man eine stärkere Tendenz zur Mitte, sodass durch die höhere Zahl der indifferenten Feedbacks, die nicht bei der Berechnung des NPS berücksichtigt werden, das Ergebnis aus Promotoren und Detraktoren oft sehr volatil ist.

Um aus dieser KPI und den damit verbundenen Feedbacks die richtigen Maßnahmen abzuleiten, ist ein Grundsatz wichtig: Kein Kundenfeedback ist falsch!

Die Ergebnisse aus einer NPS-Befragung sind ein wichtiger Bestandteil in einem Qualitätskonzept. In einer Gesamtbetrachtung aus Monitoring von Transaktionen, Feedbacks der Mitarbeiter und den Erkenntnissen aus Prozessanalysen kann der Net Promoter Score für den Customer Service ein guter Navigator sein. Die Ergebnisse und Methoden eigener Qualitätschecks können mithilfe der Kundenrückmeldung kalibriert werden. Er kann bei der Beurteilung helfen, ob die umgesetzten Verbesserungsmaßnahmen Wirkung zeigen. Einen enormen Vorteil im Kundenservice bietet die Möglichkeit, Feedbacks sehr zeitnah und direkt an den Mitarbeiter zurückfließen zu lassen. Dieses Feedback nehmen Mitarbeiter gern an, da es ihnen eigenverantwortlich die Möglichkeit zur Verbesserung gibt.

Der Kundenservice als der direkte Kontaktpunkt zum Kunden hat einen großen Einfluss auf den Unternehmens-NPS. Unternehmen können so wichtige Schlüsse darüber ziehen, wo sie im Markt stehen und wichtige Hinweise auf Kundentreue und -zufriedenheit erhalten. Der Net Promoter Score soll durch sein standardisiertes Frage- und Antwortschema über Zeit und andere Marktteilnehmer im Benchmark eine Vergleichbarkeit ermöglichen.

Andreas Mai (Berater)

Tipp 384: Führung und Struktur: Die wichtigsten Leitplanken für neue Projekte

Sei es als Auftraggeber, der bei einem Outsourcingpartner seinen Kundenservice neu aufsetzt, ... sei es als Outsourcingpartner, der eine Ausschreibung gewonnen hat und nun ein neues Serviceteam für einen Kunden implementiert, ... sei es als Verantwortlicher für die Inhouse-Kundenserviceeinheit, der einen neuen Teilbereich des eigenen Service aufbauen will, ... letztlich handelt es sich immer um ein Projekt. Und letztlich steht man vor den immer gleichen Herausforderungen.

Nun haben Sie über Projektmanagement in den *Tipps der Woche* von *junokai* in den letzten Jahren schon einiges gelesen. In dieser Ausgabe soll es auch nicht um Projektmanagement als solches gehen – sondern um eine sehr einfache, sehr grundlegende Wahrheit, die so gut wie immer zutrifft, wenn Sie den oben genannten Herausforderungen gegenüberstehen. Und die, so die wiederkehrende Erfahrung aus vielen solchen Projekten, immer wieder übersehen oder nicht mit der ihr zustehenden Priorität behandelt wird:

Führung und Struktur sind die wichtigsten Leitplanken in neuen oder sich verändernden Projekt- und Arbeitsumgebungen. Ihre Wichtigkeit kann gar nicht hoch genug eingeschätzt werden.

Vergegenwärtigen wir uns einige beispielhafte Rahmenparameter, die typisch sind für die oben genannten Situationen:

- Viele neue, gegebenenfalls neu rekrutierte, unerfahrene Mitarbeiter, die sich oft zugleich mit einem neuen Job, einem neuen Unternehmen, vielleicht einer neuen Stadt und neuen Arbeitsinhalten in intensiven Trainings auseinandersetzen müssen
- Neue, mit dem Kunden/dem Projekt unerfahrene Führungskräfte wie Teamleiter, Coaches, Trainer und Stabsfunktionen – die möglicherweise sogar erstmals in dieser Rolle sind und erst lernen müssen, wie sie damit umgehen

- Ein Projektleitungsteam, das gerade in der Set-up-Phase so eines Projekts chronisch überlastet ist und viele (oft auch zu viele) Bälle zugleich jonglieren und in der Luft halten muss
- Viele Arbeitsbereiche von Rekrutierung über Training, Technik- und Prozess-Set-up, Facility, Prozess-Set-up, Organisationsstruktur usw. bis hin zu Coaching, Qualitätskontrolle und Kennzahlenmanagement, die definiert und implementiert werden wollen
- Hohe Erwartungshaltungen vom externen oder internen Auftraggeber, und zugleich oft hohe Erwartungshaltungen der Beteiligten an sich selbst – was oft starken Druck auf alle Beteiligten ausübt.

Diese und noch viele weitere Herausforderungen warten auf alle Beteiligten. Letztlich sprechen wir von Veränderung. Von einer Kombination aus Change Management und Projektimplementierung. Von einer Phase, die üblicherweise sowohl von viel Energie als auch von viel Unsicherheit geprägt ist. Unsicherheit deshalb, weil viele Prozesse, Vorgehensweisen, Verantwortlichkeiten entweder neu oder noch gar nicht definiert oder zumindest noch keine gelebte Routine sind.

Menschen reagieren meist sehr ähnlich auf solche Situationen. Sie sind unsicher. Unsicher über ihre eigene Rolle, unsicher über die nötigen oder wichtigen Tasks, unsicher über die Erwartungshaltung an sie, unsicher über ihre Verantwortung und ihre Grenzen.

Diese Unsicherheit wird durch viele unterschiedliche mögliche Handlungsweisen kompensiert. Je nach Typ, Rolle und Erfahrung ist alles von Übereifer (ich reiße viel zu viel an mich und vergesse dabei Priorisierung, meine eigenen Ressourcen oder gleich ganze Tasks) bis Lethargie möglich (ich warte bis mir jemand sagt, was ich tun soll, und bis dahin mache ich nichts, so mache ich auch keine Fehler), und manchmal sogar offene Rebellion (ich mache hier gar nichts mehr, wenn nicht sofort dieses oder jenes Thema von den Chefs gelöst ist, denn hier ist alles ***).

Führung und Struktur geben Halt und Sicherheit.

Oft neigen Verantwortliche dazu, Führung und Struktur zu Beginn eines neuen Projektes zu vernachlässigen. Denn Kommunikation findet oft zuerst auf der reinen Projekt-Implementierungsebene statt, z.b. mit HR zum Thema Rekrutierung oder mit der IT bezüglich des Set-ups der Arbeitsplätze. Das Thema „Führung" wird auf später verschoben, wenn „das Projekt dann im Regelbetrieb ist".

Oft wird dieser Zeitpunkt aber verpasst, oder er wird übersehen, weil beispielsweise viele Teams noch in Training oder Set-up sind, aber manche schon produktiv arbeiten (vielleicht nur in einer Einschwing- oder „Nesting"-Phase). Für Struktur, Sicherheit und Routine wichtige Regeltermine wie z.b. zwischen Führungskraft und Teamleitern oder zwischen Teamleitern und dem eigenen Team, Kleinigkeiten wie tägliche 10-Minuten-Standup-Huddles morgens vor Arbeitsbeginn, aber auch relevante Kommunikationswerkzeuge wie z.b. teaminterne Kan-Ban-Boards mit den wichtigsten Kennzahlen und Themen werden auf „später" verschoben. Erst mal die Implementierung abschließen …

Das ist fatal. Denn bis dahin, bis „später", wird viel wertvolle Zeit verloren gehen. Zeit, in der sich die Mitarbeiter den oben genannten Herausforderungen und ihrer eigenen Unsicherheit gegenübersehen. Zeit, in der sich eine Routine im täglichen Umgang mit Mitarbeitern, Kennzahlen und Kommunikation etablieren könnte, so lange das Projekt noch in der Aufbauphase ist und der Auftraggeber vielleicht noch nicht im Detail auf jede Kennzahl schaut. Zeit, in der jeder Teamleiter versucht, auf eigene Faust seine teaminternen Themen zu lösen, weil sich kein Führungsteam etabliert, das Themen gemeinsam löst. Zeit, in der in solchen Projekten durchaus übliche Herausforderungen wie beispielsweise noch nicht funktionierende IT-Systeme oder schwankende Arbeitsvolumen für Unsicherheit und Frustration bei den Mitarbeitern sorgen und sie sich allein gelassen fühlen. Zeit, in der Führungsroutinen geübt und etabliert werden könnten, bevor sich das Projekt im vollen Operations-Modus befindet.

Etablieren Sie Strukturen von Beginn an.

Sie sollten deshalb Halt und Sicherheit gebenden Strukturen wie die Regelkommunikation auf allen Ebenen oder das regelmäßige Auswerten, Kommunizieren und Arbeiten mit Kennzahlen (das sind nur zwei Beispiele) in Ihrem neuen Projekt so früh wie möglich etablieren. Auch auf die „Gefahr" hin, dass in den ersten Wochen vielleicht noch nicht alle Kennzahlen vollständig vorliegen, dass noch nicht alle Mitarbeiter an Bord sind, weil die Strukturen noch weiter wachsen oder dass sie in manchen der Termine zu Beginn eher noch über die Implementierung und weniger über den Regelbetrieb sprechen.

Je eher Sie die später gültigen und gelebten Regelstrukturen einführen, desto eher geben Sie dem Team Halt, Sicherheit und Struktur. Desto eher schaffen Sie gemeinsame Ziele und gemeinsames Verständnis. Desto eher vermeiden Sie, dass sich inzwischen Fehler und unerwünschte Verhaltensweisen festsetzen, die später umso schwerer wieder abzustellen sind.

Und desto eher profitieren Sie von den Folgen: zufriedenere und motiviertere Mitarbeiter auf allen Ebenen, weniger – gerade am Projektbeginn teure und fatale – Fluktuation, einfachere und schnellere Erreichung von Kennzahlenzielen, und einen reibungsloseren Übergang von der Projektierungs- und Implementierungsphase in der Regelbetrieb.

Gerhard Klose (Senior Berater)

Tipp 385: Grundlagen für eine erfolgreiche Zusammenarbeit mit externen Dienstleistern

Die Gründe, warum Unternehmen Dienstleistungen durch externe Partner bearbeiten lassen, sind vielfältig. Dabei steht nach wie vor der Kostenaspekt an vorderster Stelle. Es folgen strategische Gründe wie die Fokussierung auf das Kerngeschäft oder die Sicherstellung von Peakvolumenabdeckungen bei Saisongeschäft. Unabhängig der Gründe, warum man Outsourcing einsetzen will, gilt es einige Punkte zu beachten, um sicherzustellen, dass sich die Zusammenarbeit mit einem externen Dienstleister auch tatsächlich erfolgreich gestaltet.

Die wichtigsten Punkte sind hier zusammengefasst:

1. Transparenz zum Umfang sowie der konkreten Inhalte und Prozesse

Zunächst einmal gilt es festzustellen, wie viel Volumen outgesourct werden soll. Es sollte also Transparenz darüber vorliegen, wie viele Kontakte extern bearbeitet werden sollen bzw. umgerechnet in FTE, wie hoch der Bedarf an externen Mitarbeitern ist. Wie sehen die Mengengerüste aus auf Tages-, Wochen- und Jahresbasis? Verändert sich das Kontaktvolumen wegen steigender oder sinkender Kundenanzahl oder durch geplante Optimierungen in den Prozessen und IT-Systemen? Welche Sprachen sollen extern bearbeitet werden und wie verteilen sich die Bedarfe auf die verschiedenen Sprachen?

Darüber hinaus braucht es Klarheit über die konkreten Inhalte und Prozesse, die ausgelagert werden sollen. Welche Prozesse sollen bearbeitet werden? Sind diese Prozesse korrekt beschrieben und dokumentiert? Sind die Schnittstellen und Übergabepunkte klar, wann und wie an einen Next Level weitergeleitet werden soll? Sind die Bearbeitungszeiten je Prozess bekannt? All diese Punkte sollten im Vorfeld einer Zusammenarbeit mit einem externen Dienstleister beantwortet und geklärt werden.

2. Wie messe ich die Performance?

Es ist nicht ausreichend, Kapazitäten extern aufzubauen. Vielmehr muss es das Ziel sein, dass die externen Kapazitäten zum einen dann da sind, wenn sie benötigt werden, zum anderen aber auch, dass die Performance des externen Dienstleisters den eigenen Anforderungen genügt. Ziel sollte es deshalb sein, sowohl die Quantität und die Qualität als auch bei Bedarf die Sales-Leistung zu messen. Quantität bedeutet dabei unter anderem: Wie sind die Bearbeitungszeiten (Handling Time)? Wie sind die Servicelevel und / oder wie sind die Erreichbarkeiten? Genauso wichtig ist es jedoch auch, die Qualität der erbrachten Leistung zu messen. Qualitätskriterien können dabei unter anderem folgende sein: eine Lösungs- oder auch Erstlösungsquote (First Fix Rate; FCR), Kundenzufriedenheitswerte wie der Customer Satisfaction Index (CSAT) oder die Weiterempfehlungsquote, Net Promoter Score (NPS) oder aber einfach die Prüfung der Leistung auf Basis von Qualitätsbögen für die Schriftbearbeitung (E-Mail, Chat oder andere Social-Media-Kanäle) oder dem Voicerecording zur Messung der Qualität der telefonischen Kontakte.

Um die Qualität oder Sales-Leistung messen zu können, müssen zunächst die Qualitätskriterien definiert werden. Weiterhin müssen auch die Qualität und Sales-Leistung gemessen werden können. Das bedeutet, dass auch die notwendigen Reports und Auswertungen auf Basis der definierten Messkriterien zur Verfügung gestellt werden müssen.

3. Vertragliche und kommerzielle Parameter für die Zusammenarbeit

Die kommerziellen Parameter dienen dazu, die Vergütung des Dienstleisters zu regeln. Möglichkeiten der Abrechnung sind unter anderem Vergütung auf Stunden- oder FTE-Basis, Vergütung auf Stück- oder Minutenbasis, Vergütung über Gain-Share Modelle und/oder auch die möglichen Kombinationen der oben genannten Modelle. Grundsätzlich ist zu empfehlen, die Vergütung immer mit einer Leistungs- und Performanceerfüllung zu verknüpfen. Das heißt, ein Modell zu entwickeln, das sicherstellt, dass die Vergütung abhängig ist, von der Erfüllung definierter Performance

KPI. Dies können sein Forecasteinhaltung, Qualitäts-KPI sowie Sales-Performance wie bereits unter 3.) beschrieben.

Das zu entwickelnde Modell sollte dabei alle relevanten Qualitäts- und Performance KPI gleichermaßen berücksichtigen. Das Vergütungsmodell hat dabei das Ziel, Gutleistung oder Zielübererfüllung zu belohnen und Schlechtleistung oder Zieluntererfüllung zu sanktionieren. Man sollte dabei für alle relevanten KPI auch untere Schwellwerte definieren, die nicht unterschritten werden dürfen. Nur wenn sich alle definierten KPI im Zielkorridor befinden, erfolgt auch die Vergütung einer Zielübererfüllung. Mit einem leistungsabhängigen Vergütungsmodell verknüpft man somit die kommerziellen und performancerelevanten Kennzahlen.

4. Projektleiter des Dienstleisters

Der Erfolg bei der Einbindung eines externen Dienstleisters hängt aber mindestens genauso vom Projektleiter und dessen Erfahrung und Engagement ab. Es wäre folglich ratsam, im Vorfeld bei der Suche eines neuen Dienstleisters immer auch den konkreten Projektleiter kennenzulernen. Entscheidende Kriterien für den richtigen Projektleiter sind dessen Engagement, seine Erfahrung und seine Führungskompetenz. Diese gilt es im Auswahlprozess sicherzustellen. Es lohnt sich, sich die Zeit zu nehmen und den Projektleiter „auf Herz und Nieren" zu prüfen. Kriterien für einen guten Projektleiter sind neben seiner Führungskompetenz auch sein Prozessverständnis, der Umgang und das Verständnis mit und für die Zahlen und die KPI. Sollte man als Auftraggeber den Eindruck haben, nicht den richtigen Projektleiter für das eigene Projekt zu haben, sollte man diesen auch gegenüber dem Dienstleister ablehnen und austauschen lassen.

5. Outsourcing Manager des Auftraggebers

Für die Zusammenarbeit mit dem externen Dienstleister benötigt es außerdem auf Seiten des Auftraggebers einen Outsourcing Manager, der den externen Dienstleister betreut und steuert. Zu seinen Aufgaben gehört es unter anderem, als Ansprechpartner zu fungieren für alle Belange, die relevant sind für den Erfolg des externen Dienstleisters, sowohl fachlich, technisch als auch vertraglich. Der Outsourcing Manger ist jedoch auch die Schnittstelle in die eigene Organisation hinein zuständig für alle relevanten internen Einheiten wie Qualitätsmanagement, Forecasting, Reporting, Prozesse, Training, IT, etc. Er koordiniert und dient als erste Eskalationsinstanz. Zu den Aufgaben des Outsourcing Managers gehört es dabei auch, regelmäßige operative Performance Reviews durchzuführen. Dabei wird über die Leistung und Zielerfüllung des Dienstleisters gesprochen und notwendige Maßnahmen zwischen Auftraggeber und Dienstleister vereinbart.

Hat man alle obigen Punkte bei der Auswahl eines externen Dienstleisters berücksichtigt, ist der Grundstein für eine erfolgreiche Zusammenarbeit mit einem externen Dienstleister gelegt.

Jürgen Marx (Senior Berater)

Tipp 386: Conversational Design – Sprechen Sie Bot?
Teil 1: Grundlagen

I n dem heutigen Tipp der Woche möchte ich Ihnen einige grundsätzliche Regeln und Fallen bei der Erstellung von Conversational Design Dialogen vorstellen.

Conversational Design für (Voice) Bots beinhaltet hierbei gleichzeitig das Know How, wie Daten/Infos strukturiert analysiert und interpretiert werden können, als auch wie der Output eines Bots möglichst natürlich und emphatisch übermittelt werden kann. Das heißt, es müssen beide Welten (Bot und Mensch) korrekt verstanden sowie interpretiert werden und in der Symbiose von Psychologie, Technologie und Conversational Copywriting miteinander verknüpft werden.

Grundverständnis eines Bot

Grundsätzlich verstehen sich Bot und Mensch nämlich erst einmal nicht, da menschliche Kommunikationslogik und Verständnis auf unterschiedlichen Voraussetzungen und langjährigen Erfahrungen basiert. Während uns von Geburt an durch eine konstante „Schulung" bestimmte Floskeln, Gesten und Gesprächslogiken selbstverständlich sind, sind diese für den Bot neu beziehungsweise widersprechen seinem Grundverständnis.

Menschliche Kommunikation wird zudem durch Empathie bestimmt, Bot-Kommunikation ist primär durch Analyse strukturierter Daten und der damit einhergehenden Interpretation der Anfrage definiert.

Hierzu zwei Beispiele einer „Misskommunikation" zwischen Nutzer und Bot:

Beispiel 1:

User: „Weißt Du wie spät es ist?"

Bot: „Ja."

Beispiel 2:

User: „Wie spät ist es?"

Bot: „In New York sind es 7 Uhr 31 und in London 12 Uhr 31. "

(der User ist aber in diesem Moment in Berlin)

Aus Bot-Sicht wurde in diesen beiden Fällen jeweils eine korrekte Antwort gegeben, als Mensch werten wir die Antwort jedoch als falsch, weil ein Mensch eine ganz andere Erwartungshaltung an die Antwort hat.

Beide Antworten beinhalten hierbei zwei unterschiedliche Interpretationsfehlertypen. Im ersten Fall liegt der vermeidliche Fehler darin, dass die typisch menschliche Floskel nicht richtig interpretiert wurde, im zweiten Fall benötigt der Bot weitere Informationen zum aktuellen Standort des Users, um eine korrekte Antwort zu geben.

Tipp 1: Achten Sie daher bei der Erstellung von Dialogen darauf, dass typisch-menschliche Formulierungen von Fragen im Spektrum richtig interpretiert und vor allem auch so klassifiziert werden. Stellen Sie zudem sicher, dass zusätzliche wichtige Informationen für die Antwort wie zum Beispiel im vorliegenden Beispiel der Standort vorliegen oder abgefragt werden können. Auch wenn dies trivial klingt, liegt gerade in diesen Punkten die Sollbruchstelle zwischen menschlicher vs. Bot Kommunikation. Gerade hier entstehen die Fehler im Dialogdesign, wo ein Nutzer die Kommunikation abbricht, um mit einem echten Menschen zu sprechen. Und ein erneutes Ausprobieren des Bots ist dann deutlich unwahrscheinlicher – You get never a second chance to make a first impression.

Bot Vorstellung

Wenn wir gerade bei erstem Eindruck sind: Besonders zu Beginn eines Dialogs bei einer „Bot-Vorstellung" werden immer wieder typische Fehler gemacht, die eine Nutzung durch den Kunden beeinträchtigen oder ihn davon abhalten, den Bot tatsächlich zu nutzen.

Beispiel 3:

Bot: „Hallo, ich bin XXX, die virtuelle Assistenz von junokai. Ich lerne jeden Tag dazu und ich versuche bei der Beantwortung von Anliegen zu helfen. Um meine Fähigkeiten weiter zu verbessern, bitte ich Dich am Ende Deine Erfahrung mit mir zu bewerten. Wobei kann ich Dir weiterhelfen?"

Der hier gemachte typische Fehler ist, dass in diesem Vorstellungstext der Fokus primär auf dem Bot, seinen Bedürfnissen und nicht beim Kunden liegt. (Einfach mal nachzählen, wie oft in diesem Vorstellungstext die Worte „Ich", „Mein" und „mir" genutzt werden).

Diese Bedarfsperspektive entsteht oft, wenn Bot-Dialoge allein aus technisch-logischer Sicht konzipiert und implementiert werden ohne Einbindung von Kundenservice/Dialog Verantwortlichen.

Eine mögliche Alternative wie in

Beispiel 4:

Bot: „Hallo, ich bin XXX, die virtuelle Assistenz von junokai und kann Dir zu vielen Themen im Bereich Kundenservice Informationen liefern oder für Dich einen individuellen Termin mit einem unserer Berater vereinbaren. Was kann ich für Dich tun?"

zeigt eine deutliche Zentrierung auf den Kunden und grenzt dabei das Service/Themenspektrum des Bots auf „Kundenservice" und „Terminvereinbarung" ein.

Tipp 2: Setzen Sie von Beginn an das Anliegen des Kunden ins Zentrum des Dialogs und simplifizieren Sie die Vorstellung aus Kundensicht. Involvieren Sie erfahrene Kundenservice-Mitarbeiter in der Dialogerstellung, da diese über gute Expertise und Erfahrung in Kundendialogen verfügen.

Ein typischer Fehler bei der Bot-Vorstellung ist auch einen Bot zu arrogant oder mit übertriebenen Kompetenzen vorzustellen.

Bot: „Hallo, ich bin XXX, die intelligente Assistenz von junokai und kann Dir helfen Deinen Kundenservice zu nachhaltig zu verbessern oder für Dich einen individuellen Wunschtermin mit einem unserer kompetenten Berater vereinbaren"

Je neutraler und fokussierter Sie Ihren Bot vorstellen, umso mehr werden Nutzungsraten steigen.

Eckpfeiler bei der Konzeption von Bot-Antworten

Bot Informationen, auch Prompts oder Utter genannt, haben 5 Eckpfeiler, die bei der Erstellung des Dialogs zu berücksichtigen sind.

1. Qualität

Es werden generell nur wahre Informationen vermittelt und sofern keine Antwort aus Bot-Sicht existiert, wird dies vermittelt und idealerweise eine Alternative (z.b. Weiterleitung an einen Mitarbeiter oder Rückrufterminierung) angeboten.

2. Quantität

Eine Herausforderung für einen Bot sind quantitative Anfragen oder Antworten, die ein Bot liefern muss.

Beispiel 6:

Bot: „Wie viele Zimmer hat ihre Wohnung?"

User: „Wir haben zwei Schlafzimmer, ein Wohnzimmer, ein Kinderzimmer..."

Ein schlechter Conversational Designer würde an dieser Stelle vermutlich dem Bot eine Antwort wie „Nennen Sie mir bitte eine Zahl" vorgeben oder sofern es nur Chat betrifft, z.B. ein Formular mit Synonymen zum Ankreuzen ausspielen. Besser ist an dieser Stelle:

Bot: „Verzeihen Sie bitte. Wie viele Zimmer sind das in Summe?"

Dieser Dialog wird deutlich sympathisch-menschlicher und vom User weniger befehlend als „Nennen Sie mir bitte eine Zahl" wahrgenommen.

Beispiel 7:

> Bot: „Sie können mit MasterCard, Visa oder PayPal bezahlen. Wollen Sie den Bestellvorgang abschließen?"
>
> User: „Ich zahle mit Visa"

In diesem Beispiel ist die Frage des Bots geschlossen d.h. eigentlich gibt es theoretisch nur die Ja/Nein Antwort. Als Mensch sind wir es aber gewöhnt, auch solche Fragen in der oben angeführten Art zu beantworten. Erwarten Sie daher im Conversational Design von einem Menschen nicht immer eine Ja/Nein Antwort auf eine geschlossene Frage.

3. Relevanz

Die Kommunikation von Informationen oder Abfragen wird auf das Wichtigste und Wesentlichste reduziert. Nicht mehr, aber auch nicht weniger.

Beispiel 8:

> Bot: „Haben sie alle benötigten Unterlagen zum Abschluss ihrer Reisebuchung vorliegen?"
>
> User „Welche sind das genau?"
>
> Bot: „Das sind ein gültiges Visum, ein aktueller Reisepass sowie eine Visa Kreditkarte oder ein PayPal Konto, wenn Sie hierüber bezahlen wollen. Wenn Sie diese Unterlagen bereit haben, sagen Sie „OK" und wir können dann gerne loslegen."

Sicherlich könnten noch weitere Informationen für diese Reise sinnvoll sein (z.B. eine Impfung gegen Tropenkrankheiten oder eine Reiserücktrittsversicherung), aber diese sind für diesen einen Prozess der Buchung nicht relevant. Gleichzeitig macht es auch keinen Sinn eine der oben angeführten Punkte wegzulassen oder erst später abzufragen, da sonst die Buchung nicht abgeschlossen werden kann.

4. Form

Natürlich ist eine Antwort eines Bots:

Beispiel 9:

Bot: „Ihre Transaktion ist erfolgreich abgeschlossen. Eine Bestätigung wird per Mail zugesendet"

rein formal gesehen richtig, aber in der Realität würde kein Mensch so kommunizieren. Daher sollten Antworten auch so menschlich wie möglich gestaltet werden. In diesem Beispiel könnte eine Option lauten.

Beispiel 10:

Bot: „OK, Ihre Bestellung/Buchung ist nun durch und sie erhalten von uns eine Bestätigung per Mail. Vielen Dank."

5. Empathie

Ein oft auftretender Fehler im Conversational Design ist es, dem Bot im Gegenzug künstliche Empathie wie in folgendem Beispiel anzueignen bzw. zu attestieren:

Beispiel 11:

User: „Ich kann meinen Anschlussflug nicht mehr wahrnehmen. Welche Optionen habe ich?"

Bot: „Oh ich kann verstehen wie unangenehm das für Sie sein muss. Ich prüfe eine Möglichkeit für eine Umbuchung."

Nutzern ist sehr wohl bewusst, dass sie mit einer Maschine kommunizieren und gerade in nicht eindeutigen oder emotional aufgeladenen Situationen wirkt eine künstliche Empathie eher kontraproduktiv. Zudem kann in dem Beispiel auch die Option bestehen, dass der Flug vielleicht bewusst nicht angetreten werden sollte, weil private Gründe des Nutzers hierfür vorliegen. Damit ist die Antwort dann aus Nutzer-Sicht unpassend und wird negativ vom Nutzer interpretiert.

Empathie im Conversational Bot-Design muss daher allein darauf abzielen, das Problem zu identifizieren und dieses vom Kunden bestätigt zu bekommen.

Beispiel 12:

> *User: „Ich kann meinen Anschlussflug nicht mehr wahrnehmen. Welche Optionen habe ich?"*
>
> *Bot: „Ich verstehe – Geht es um ihren heutigen Lufthansa Flug 123 um 22:30h?"*
>
> *User: „Ja genau, das ist der Flug."*
>
> *Bot: „Alles klar. Ich prüfe eine Möglichkeit für eine Umbuchung auf einen anderen Flug. Benötigen Sie zwingend einen Anschlussflug am gleichen Tag oder kann ich auch Optionen für den Folgetag berücksichtigen?"*

Tipp 3: Prüfen Sie bei der Erstellung von (Voice)Bot-Dialogen, ob in den Antworten des Bots die wesentlichen Elemente

- Quantität
- Qualität
- Relevanz
- Form
- Empathie

im Sinne der hier beschriebenen Beispiele berücksichtigt sind und lassen sie diese gegebenenfalls durch nicht-involvierte Personen des Conversational Design Teams in einem Dialog Reality Check durchlaufen. Gerade hier fallen Fehler im Dialogdesign auf und diese Schwachstellen können behoben werden.

Zusammenfassung & Fazit

Auch wenn die Erstellung von (Voice) Bot Dialogen zunächst (nicht) trivial oder intuitiv erscheinen mag, folgt sie, wie wir dargestellt haben, klaren Regeln. Diese zu befolgten ist auch empfehlenswert, um die

Kommunikation zwischen Bot und Mensch zu vereinfachen sowie die Bot-Nutzungsquote zu erhöhen.

Wichtig zu verstehen ist, dass Bots und Menschen unterschiedliche Arten der Kommunikation sowie Schwerpunkte haben. Diese 1:1 zu übernehmen ist nicht zielführend und kann sogar gegenteilige Effekte und Wahrnehmungen erzeugen.

Daher ist es, wie in den gezeigten Beispielen notwendig, die jeweiligen Charakteristika beider Seiten so gut wie möglich zu verbinden.

Im nächsten Tipp der Woche zum Thema Conversational Design werde ich Ihnen hierzu verschiedene Gesprächs-/Dialogtechniken sowie Hilfsmittel vorstellen, wie sie die Bot-Kommunikation mit den Nutzern optimieren können.

Carlos Carvalho (Senior Berater)

Tipp 387: Wie lässt sich die Automatisierung im B2B Vertrieb erfolgreich nutzen?

Was sind die Erfolgsfaktoren im Vertrieb?

Expertenwissen, Beharrlichkeit und Fleiß, Kreativität und Empathie, um nur einige zu nennen, sind wesentliche Erfolgsfaktoren im Vertrieb. Top Vertriebler sind aber auch extrem gut organisiert und in der Lage, eine enge Verbindung zum Kunden herzustellen.

Hier setzt die Digitalisierung im Vertrieb an. Einer Maschine ist es ziemlich egal, wie viele Kunden gleichzeitig unter Beobachtung stehen. Ein erfolgreiches Management Ihrer Verkaufschancen basiert daher unter anderem auf der Berechnung von Wahrscheinlichkeiten, welche sich beispielsweise in einem Affinitätsscore zur Abschlusswahrscheinlichkeit ausdrücken kann.

Mit diesem Score lassen sich große Datenmengen mit einer komplexen Produktpalette analysieren, um so die besten Potenziale zu erkennen und einen stetigen Überblick zu behalten.

Die menschlichen Fähigkeiten

Der Mensch jedoch besitzt Fähigkeiten, welche durch Maschinen, selbst mit Künstlicher Intelligenz, nicht übernommen werden können. Empathie, Kreativität und die Überzeugungskraft können nur durch die Persönlichkeit des Verkäufers herausgestellt werden.

Ein guter Verkäufer ist nicht nur ein guter Zuhörer, er muss auch zwischen den Zeilen lesen können, um eine echte Beziehung aufzubauen. Diese Fähigkeiten lassen sich bei aller technischen Entwicklung nicht digitalisieren.

Daher ist es bei der Digitalisierung von Vertriebsprozessen entscheidend, auf die Erfahrungen, Kompetenzen und die persönlichen Fähigkeiten der Vertriebsmitarbeiter zu setzen. Das Ziel sollte daher sein, die

Mitarbeiter mit der Digitalisierung in ihrer täglichen Arbeit zu unterstützen und erfolgreiche Vertriebsarbeit noch erfolgreicher zu machen.

Wo kann die Automation den Vertrieb besser machen?

Die Digitalisierung des Vertriebs kann sich auf unterschiedliche Bereiche erstrecken. Es beginnt bei der automatisierten Leadbearbeitung über Kundengewinnungsmaßnahmen bis hin zu datengetriebenen Vertriebsmaßnahmen. All diese Maßnahmen dienen dem Zweck, langfristige Kundenbeziehungen aufzubauen und zu pflegen. Das Ziel hierbei ist, den Vertrieb bei seiner Kerntätigkeit mittels Automation und Digitalisierung wirkungsvoll zu unterstützen.

Erfolgreiches Lead Management

Die Digitalisierung ist schon längst da und damit oftmals ohne dass der Vertrieb etwas wirklich davon mitbekommt. Hier bedarf es einer engen Zusammenarbeit mit dem Marketing. Denn mit einem professionellen Lead Management, welches auf Content Marketing basiert, können Unternehmen potenzielle Kunden auf sich aufmerksam machen und schrittweise zur Vertriebsreife qualifizieren. Dabei unterstützt das digitale Datenmanagement, in dem jeder jederzeit und überall auf die für ihn relevante Informationen zugreifen kann, um den Kunden die richtigen Angebote zu präsentieren.

Die für ein erfolgreiches Leadmanagement notwendigen Daten produzieren potenzielle Kunden wie auch Bestandskunden mehr als genug. Sie müssen nur konsequent erfasst und genutzt werden. Mittels des in den meisten Organisationen vorhandenen CRM-Systems werden Kontaktdaten und die Kauf- und Kontakthistorie auswertbar. Damit können Sie die Profil- und Verhaltensdaten auswerten und ein Scoringmodell entwickeln, welches auch Cross- und Upselling-Potenzial von Bestandskunden erkennen oder entwickeln lässt.

Fazit

Das Ziel der Automatisierung im B2B Vertrieb ist die Steigerung der Effizienz. Das heißt, mehr Umsatz mit Ihrer Vertriebsmannschaft zu generieren. Durch den intelligenten Einsatz der Automatisierung werden Ihre Mitarbeiter von zeitraubenden Analyse-Tätigkeiten, Aufbereitung der Daten zur zielgerichteten Ansprache und anderen stetig wiederkehrenden Aufgaben entlastet. Mit der gewonnenen Zeit und der Konzentration auf die menschlichen Eigenschaften wie Sensibilität, Kreativität und Empathie können Sie diese Stärken ausspielen. An der Nutzung von Künstlicher Intelligenz führt allerdings auch kein Weg vorbei. Die Digitalisierung und Automatisierung schreiten voran, bei Ihren Kunden und dem Wettbewerb.

Stephan Plaß (Senior Berater)

Tipp 388: Falle Survivorship Bias

I n diesem Tipp der Woche nehme ich Sie mit auf eine Reise in die dunkle Vergangenheit. Vor ein wenig mehr als 80 Jahren, mitten im Zweiten Weltkrieg, sahen sich die Forscher des US-amerikanischen Center for Naval Analysis mit der Lösung eines kriegsentscheidenden Problems konfrontiert: Bei ihren Einsätzen über den von Nazi-Deutschland kontrollierten Gebieten erlitten die Luftwaffe der Alliierten hohe Verluste.

Was also tun? Um die Flugzeuge widerstandsfähiger gegen feindliche Jäger und Flakgeschütze zu machen, könnte man einfach die Panzerung verstärken. Aber eine großflächige Verstärkung der Panzerung macht das Flugzeug schwerer und verringert somit die Manövrierfähigkeit, erhöht den Treibstoffverbrauch und reduziert die Reichweite.

Die Herausforderung bestand also darin, die Panzerung der Bomber gezielt zu verstärken, um die Überlebenschancen der Bomber zu erhöhen und gleichzeitig das Gewicht der Flugzeuge in einem akzeptablen Rahmen zu halten.

Welche Bereiche des Flugzeugs sollte man also verstärken? Zur Beantwortung dieser Frage sahen sich die Analysten dir Rümpfe der Bomber an, die erfolgreich aus dem Kampfeinsatz zurückkehrten. Bei ihrer Auswertung stellten sie fest, dass die Einschusslöcher nicht gleichmäßig über die Flugzeuge verteilt waren. So befand sich ein Großteil der Einschusslöcher im Rumpf und den Tragflächen, wohingegen die Motoren kaum Einschusslöcher aufwiesen.

Basierend auf diesem Befund kam das US-Militär zu dem Schluss, dass es am effizientesten wäre, die Panzerung der Flugzeuge an den Stellen zu verstärken, an denen die meisten Einschusslöcher zu finden waren. Auf den ersten Blick erscheint diese Schlussfolgerung einleuchtend. Wenn man die Panzerung der Flugzeuge am Rumpf und den Tragflächen verstärkt, an denen ein Großteil der Einschusslöcher aufzuwinden war, sollte dies die Verluste minimieren.

Abraham Wald, ein Statistiker, war da anderer Meinung. Er meinte, sie sollten den Nasenbereich, die Motoren und die Körpermitte besser panzern. Warum aber diese Bereiche besser panzern? Schließlich wurden an diesen Stellen nur äußerst selten Einschusslöcher aufgefunden.

Aber Mr. Wald erkannte, was die anderen übersahen. Die Flugzeuge wurden auch dort an den Motoren, der Mitte und am Heck getroffen, schafften es aber nicht zurück zur Basis und wurden somit nicht in die Datenauswertung aufgenommen. Die Datenbasis und folglich auch die Analyse waren also insofern verzerrt, als dass sie nur die zurückkehrenden Flugzeuge (survivors) betrachtete.

Dank Walds Analyse wurden Cockpit, Motoren und Heckpanzerung der Bomber verstärkt, mit dem Ergebnis, dass die Alliierten weniger Abschüsse und Todesopfer zu beklagen hatten. Die Analyse erwies sich als so nützlich, dass sie das Design von Militärflugzeugen bis zum Vietnamkrieg beeinflusste.

Diese Geschichte ist ein anschauliches Beispiel für den Survivorship Bias. Der Survivor Bias ist eine kognitive Verzerrung, die daher rührt, dass man erfolgreiche Zustände (survivors; in diesem Beispiel die zurückkehrenden Flugzeuge) stärker beachtet als nicht erfolgreiche (in diesem Fall die Flugzeuge, die es nicht zurückgeschafft haben).

Jetzt mögen Sie denken: „Ist ja eine nette Geschichte, aber wo ist die praktische Relevanz für mich und mein Unternehmen?" Nun, der Survivorship Bias ist tatsächlich weit verbreiteter, als man denken mag. Ein klassisches Beispiel aus dem Kundenservice sind Erhebungen zum Net Promoter Score (NPS), die meist außer Acht lassen, dass Kunden, die eine positive Einstellung zum Unternehmen haben, viel eher bereit sind, einen kurzen Fragebogen auszufüllen. Fallen wie diese sollten Sie tunlichst vermeiden, da Sie zu falschen und oft teuren Fehlschlüssen führen.

David Köngeter (Berater)

Tipp 389: Conversational Design – Sprechen Sie Bot?

Teil 2: Fragen, Bestätigungen und Gesprächsanteile

I m heutigen Tipp der Woche geht es darum, Gesprächstechniken optimal im Rahmen von (Voice) Bot Conversational Design einzusetzen und damit das Kundenerlebnis zu verbessern.

Fragen und Bestätigungen

Ein wesentliches Element im Conversational Design sind Fragen und Bestätigungen. Diese dienen insbesondere dazu, die Genauigkeit der vom Kunden gewünschten Anfrage zu erhöhen, damit den Sachverhalt einzugrenzen bzw. zu klassifizieren und gleichzeitig im Dialog zu bestätigen. Gleichzeitig sind jedoch im Dialog zwischen Bot und Mensch bestimmte Punkte zu berücksichtigen, wie wir anhand des folgenden Beispiels sehen können.

Beispiel 1 (Chat Bot):

Bot: „Möchten Sie eine bestehende Bestellung erweitern oder eine neue Bestellung tätigen?"

„Bestehende Bestellung erweitern"

„Neue Bestellung"

„Ich möchte etwas anderes"

Hierbei ist wichtig, nie das „Ich möchte etwas anderes" wegzulassen, um hier den Kunden nicht zu verlieren, weil sein individuelles Anliegen nicht dabei ist und der Dialog dann in einer Sackgasse endet. Im Dialog von Mensch zu Mensch haben wir immer problemlos einen direkten Anknüpfungspunkt zu einem neuen Thema oder Sachverhalt. Einem Bot muss immer diese Option wie oben dargestellt verfügbar gemacht werden, da Bot-Dialoge in Abläufen konzipiert werden und Verknüpfungspunkte (Out-In) benötigt werden.

Sobald der Nutzer eine Bestellung getätigt hat, sollte diese auch in der Kommunikation bestätigt werden. Dies kann in unterschiedlicher Art erfolgen:

Beispiel 2:

> Bot: *„Sie haben drei Pizza Napoli und eine Ananas ausgewählt. Bitte bestätigen Sie diese Auswahl".*

So spricht aber real kein Mensch und so bietet es sich an, einen solchen Bestätigungs-Dialog menschlicher zu gestalten:

> Bot: *„Ok, das sind dann drei Pizza Napoli und eine Ananas. Passt das, oder möchten Sie noch etwas dazu bestellen?"*

Hier erkennt man auch wieder, dass die Option „Etwas anderes" mit berücksichtigt wird.

Ein weiterer Fehler, der gerade im Bereich Voice Bot oft auftritt, ist die immer noch oft genutzte Art der Bestätigungs-Aufforderung an die Nutzer bestimmte vorgegebene Schlüsselwörter oder Wortkombinationen im Rahmen der Bestätigung zu nutzen.

Beispiel 3:

> Bot: *„Sagen Sie ‚Bestehende Bestellung erweitern' wenn Sie ihre Bestellung erweitern wollen oder ‚Neue Bestellung' wenn Sie eine neue Bestellung tätigen wollen."*

> User: *„Neue Bestellung"*

Wenn die Spracherkennung auf diese beiden Formulierungen, ‚Bestehende Bestellung' oder ‚Neue Bestellung', programmiert ist, bietet der folgende Satz eine gleiche aber vor allem menschlichere Option.

Beispiel 4:

> Bot: *„Wollen Sie eine neue Bestellung tätigen oder ihre bereits bestehende Bestellung erweitern"*

> User: *„Ich möchte eine neue Bestellung tätigen"*

Wichtig sind in dem Zusammenhang die Unterschiede von „expliziten" und „implizierten" Bestätigungen. Explizite Bestätigungen sind zum Beispiel dann angebracht, wenn der Confidence Level der Kundenaussage unterhalb von 65 Prozent liegt. Confidence Level bedeutet, dass der Bot mit einer Wahrscheinlichkeit von x Prozent die Antwort richtig versteht und kategorisieren kann.

Beispiel 5:

User: „Ich möchte gerne einen Tisch bei Gianni reservieren"

Bot: „Du möchtest einen Tisch im Restaurant ‚Da Gianni' reservieren?"

Unter 65 Prozent ist eine Conversational Software unsicher, was der Nutzer tatsächlich wissen will und Werte über 90 Prozent sollten Ziel sein, wobei nicht jede Software über ein Analyse oder Bewertungsmodul verfügt. Je komplizierter oder sensibler der Sachverhalt ist, desto häufiger wird die Nutzung von Expliziter Bestätigung angeraten. Sobald der Bot im Nachgang weiter geschult wird, können die Confidence Level für jede Antwort gesteigert werden.

Ebenso ist es wichtig, eine explizite Bestätigung beim Nutzer abzufragen, wenn es um sensible Themen geht.

Beispiel 6:

User: „Bitte überweise 350 Euro auf das Konto von David"

Bot: „Ich soll 350 Euro auf das Konto von David Müller überweisen, korrekt?"

User: „Nein, auf das Konto von David Meier"

Bot: „Ich überweise das Geld auf das Konto von David Meier, ok?"

User: „Ja"

Bot: „Alles klar, die Überweisung von 350 Euro an David Meier wurde getätigt."

Analog zu expliziten Bestätigungen sind auch implizierte Bestätigungen ein wirksames Hilfsmittel im Conversational Design.

Beispiel 7:

> User: „Ich möchte gerne eine Adressänderung hinterlegen"
>
> Bot: „OK, das erledige ich gerne für Dich. Wie lautet die neue Adresse?"
>
> User: „Hafenstrasse 5 in Hamburg"
>
> Bot: „Vielen Dank. Deine Neue Adresse in der Hafenstrasse ist nun hinterlegt. Soll ich auch Deine Festnetznummer ändern?"
>
> User: „Oh ja, die ändert sich ja auch. Die neue Nummer lautet 040-1234567"

Beispiel 8:

> Bot: „So, das sind nun 3 Bier und eine Ananas – vielen Dank für Ihre Bestellung"
>
> Bot: „3 Bier und eine Ananas werden schnellstmöglich geliefert."

Implizierte Bestätigungen helfen der Beschleunigung des Dialogs und können parallel dazu auch weitere Abfragen integrieren, welche ein Bot-Dialog menschlicher gestaltet. Hierbei hilft auch bei Bestätigungen am Anfang einer Information mit Formulierungen zu variieren.

Beispiel 9:

> Bot: „Danke, ich buche für Dich den Flug?"
>
> Bot: „OK, das Taxi ist bestellt"
>
> Bot: „Prima, ich habe alle notwendigen Daten für die Buchung"
>
> Bot: „Alles klar. Die voraussichtliche Wartezeit ist 3 Minuten"

Auch für den Chat sind implizierte Bestätigungen gern genutzte Elemente. Als „Test" kann man sich z.B. in den eignen WhatsApp Chatverläufen einmal anschauen wie oft diese im Mensch zu Mensch Dialog genutzt werden.

Optionen

Generell sind Optionen ein gutes Hilfsmittel Bot-Dialoge zu verschlanken und damit schneller zu durchlaufen. Allerdings gibt es auch hier Fehlerquellen, die zu beachten sind.

Beispiel 10:

> Bot: „Sind Sie Single, verheiratet, in einer festen Partnerschaft, oder eine Witwe oder Witwer?"

Obgleich diese Abfrage relativ gut von einem Menschen beantwortet werden kann, bietet sich hier im Rahmen von Conversational Design die Trennung der beiden Hauptelemente.

Beispiel 11:

> Bot: „Leben Sie in einer festen Partnerschaft oder sind Sie verheiratet?"
>
> User: „Nein"
>
> Bot: „Sind Sie Witwe, Witwer oder Single?"
>
> User: „Ich bin Single"

Generell ist es ratsam insbesondere bei Voice Bots auf maximal 3-4 Optionen hinzuweisen, da sich User hiermit am wohlsten fühlen. An folgenden Beispielen kann man das gut erkennen.

Beispiel 12 (ohne Trennung):

> Bot: „In Deiner Region kannst Du heute über mich folgende Events buchen: Theater, Burlesque-Shows, Musicals, Stand Up Comedy, Ballett, Jazz Konzerte, Kino, Klassik-Konzerte, Clubs, Rock Konzerte, Restaurants, Bars..."
>
> User: „Ähm. Was war noch mal der vierte Punkt?"

<u>Beispiel 13 (mit Trennung):</u>

Bot: „In Deiner Region kannst Du heute über mich zum Beispiel folgende Events buchen: Theater, Burlesque-Shows, Musicals oder interessiert Dich vielleicht etwas anderes?"

User: „Was gibt es denn noch?"

Bot: „Ich hätte noch Stand Up Comedy, Ballett, oder diverse Konzerte im Angebot. Ist hier etwas für Dich dabei oder soll ich noch andere Alternativen aufzählen?"

User: „Was gibt es denn für Konzerte?"

Bot: „Heute finden Konzerte in den Sparten Klassik, Jazz, Pop oder Rock statt. Interessiert Dich davon ein Genre?"

Weitere sinnvolle Elemente bei der Nutzung von Optionen im Conversational Design sind:

Aufzählungen: *„Erstens, zweitens, drittens..."*

Iterationen: *„Zunächst, danach, als nächstes..."; „Zusätzlich"*

Priorisierungen: *„Das wichtigste ist..."; „Wichtiger ist..." „Dringend benötigt wird...""Last but not Least..."*

Resumes: *„Zusammenfassend..."; „Das bedeutet in der Konsequenz..."*

Gesprächs- und Informationsanteile

Ein gutes Element für die Nutzungsrate eines Bots ist es, darauf zu achten, dass Gesprächsanteile verteilt sind und so wenig wie nötig lange Monologe seitens des Bots erfolgen. Dies wirkt wie beim Mensch zu Mensch Dialog freundlicher und motiviert den Nutzer im Dialog mit dem Bot zu verbleiben.

<u>Beispiel 14:</u>

User: „Ich möchte ein Taxi bestellen"

Bot: „Ich bestelle Dir gerne ein Taxi. Die Grundgebühr beträgt 8 Euro und 35 Cent pro gefahrenen Kilometer bis zu 20 Kilometer und 55

Cent für jeden darüber hinaus gefahrenen Kilometer. Das Taxi braucht aktuell zwischen 25 und 30 Minuten bis an Deinen Standort. Soll ich es jetzt für Dich buchen?"

Diese Aussage ist sehr lang und erschlägt den Nutzer mit zu viel z.T. unwichtiger Information. Diese Aussage kann man deutlich fokussieren, reduzieren und damit eine bessere Kundenerfahrung generieren.

Beispiel 15:

User: „Ich möchte ein Taxi bestellen"

Bot: „Gerne. Was ist der Zielort?"

User: „Hauptbahnhof Berlin"

Bot: „Alles klar. Die Fahrkosten werden in Summe circa 15 Euro betragen. Ist das OK?"

User: „Ja"

Bot: „Zu wann soll ich Dir das Taxi buchen?"

Das letzte Beispiel fühlt sich deutlich angenehmer an, weil relevante Informationen komprimiert und gut für den Nutzer aufbereitet sind. Vor allem: Durch die Aufteilung der Gesprächsanteile ist der Nutzer zudem deutlich stärker im Gespräch eingebunden.

Wiedererkennung

Wie im letzten Tipp der Woche ist die Vorstellung des Bots ein wesentliches Element für eine gesteigerte Nutzung dieses Services. Gleichzeitig sollte man diese Einleitung auch so nutzen, dass es für den Kunden auch bei einer erneuten Nutzung einen Wiedererkennungswert gibt, was generell positiver wahrgenommen wird.

Anstatt also immer die gleiche Begrüßung *„Hallo, ich bin XXX die virtuelle Assistenz von junokai....."* zu nutzen, kann man hier mit Variationen wie folgende Beispiele arbeiten.

<u>Beispiele 16:</u>

Bot: „Hallo XXX, schön dass Du wieder da bist. Wie kann ich Dir heute weiterhelfen?"

Bot: „Willkommen zurück XXX. Was kann ich heute für Dich tun?"

Bot: „Hallo XXX, ich sehe hier noch eine offene Bestellung. Hast Du noch Rückfragen zu Deiner letzten Bestellung?"

Dies kann entweder auf Basis von Cookies, Smart Device Erkennung oder im Falle einer bereits erfolgten Identifizierung/Authentifizierung erfolgen.

Fazit

Die gezeigten Beispiele machen klar, wie wichtig ein gutes Frage- und Bestätigungskonzept im Rahmen von Conversational Design eine Bot Nutzung für die User möglichst angenehm aber auch zielgerichtet gestaltet. Ebenso spielen die Elemente rund um Gesprächsanteile, Informationstrennung und Wiedererkennungsmerkmale hier eine unterstützende Rolle.

Im nächsten Tipp der Woche zu Conversational Design widmen wir uns dann Themen zu Bot-Gesprächssteuerung und effizienterer Formulierungen.

Carlos Carvalho (Senior Berater)

Tipp 390: Conversational Design – Sprechen Sie Bot? Teil 3: Gesprächssteuerung

I n dem heutigen Tipp der Woche geht es darum, mit Bot-Dialogen eine gute Gesprächssteuerung abzubilden, welche zum einen effizient funktioniert und gleichzeitig vom Nutzer als angenehm wahrgenommen wird.

Turn-Taking

Wie im letzten Tipp der Woche zu Conversational Design bereits vorgestellt, werden ausgeglichene Gesprächsanteile von Nutzern positiv empfunden. Um diese Balance zu halten bzw. zu steuern, gibt es eine Vielzahl von Gesprächsteuerungs-Hilfsmitteln.

Beispiel 1:

User: „Hallo XXX, welche Services bietest Du an?"

Bot: „Ich kann Dir allgemeine Informationen zu junokai geben oder einen individuellen Gesprächstermin mit einem unserer Berater organisieren."

Damit ist der Dialog theoretisch abgeschlossen. Man kann jedoch mit der Ergänzung einer Rückfrage weiteres Engagement des Kunden einfordern und diesen somit im Dialog halten.

Beispiel 2:

User: „Hallo XXX, welche Services bietest Du an?"

Bot: „Ich kann Dir allgemeine Informationen zu junokai geben oder einen individuellen Gesprächstermin mit einem unserer Berater organisieren. Ist eine der Punkte für Dich interessant oder suchst Du nach etwas anderem?"

Solche Rückfragen sind zudem hilfreich, um dem Nutzer bei einer Unsicherheit zu signalisieren, dass er nun etwas sagen oder schreiben soll. Gerade in dem Beispiel ist zudem die Frage nach „etwas anderem" wichtig, um mögliche weitere Einsatzpunkte für einen Bot zu identifizieren, wo derzeit kein Service über den Bot verfügbar ist.

Barge-In

Dieses Element ist allein für Voice-Bots relevant und kann frei mit „ins Wort fallen" übersetzt werden. Obgleich dieses im Mensch-zu-Mensch Dialog generell als negativ, unverschämt oder respektlos empfunden wird, hat es bei einer Bot-Mensch Kommunikation den gegenteiligen Effekt.

Beispiel 3:

> *User: „Hallo XXX, welche italienische Restaurants haben in meiner Region gerade auf?"*
>
> *Bot: „In Deiner Region haben zehn italienische Restaurants auf. Das ‚Da Carlo', das „Sicilia', das ‚Da Gianni', das…"*
>
> *User: „Gianni klingt gut – reserviere mir bitte einen Tisch für vier in 30 Minuten"*

Wir geben dem Nutzer mit einer Barge-In Option die Möglichkeit innerhalb der Antwort des Bots reinzugrätschen und den Bot somit zu unterbrechen. Das erspart ihm in dem Beispiel noch weitere sieben Restaurants namentlich genannt zu bekommen und spart ihm damit Zeit. Jetzt könnte man meinen, die Barge-In Option permanent mitlaufen zu lassen ist eine gute Idee, aber das hat auch entscheidende Nachteile, denn mit dieser aktivierten Option „spitzt" der Voice Bot auch permanent seine Ohren und Nebengeräusche wie Kinder, TV oder Lärm lassen dann den Bot ungewollt unterbrechen.

Barge-In sollte man daher gezielt auf folgende Elemente anwenden:

- Einleitungen
- Implizierte Bestätigungen
- Optionen
- Entscheidungen

Wo sollte man Barge-In nicht anwenden:

- Bei Prompts bei denen ein Nutzer den gesamten Text hören muss
- Bei wichtigen Anweisungen
- Bei gesetzlichen Richtlinien (z.B. Informationen zur Gesprächsaufzeichnung)

Tapering

Hierbei geht es darum wiederkehrende Informationen so weit zu reduzieren als auch zu variieren, so dass der Nutzer dennoch alle wichtigen Daten bekommt.

Beispiel 4 (ohne Tapering):

User: „Was kostet das Fahrradmodell San Remo?"

Bot: „Das Fahrradmodell San Remo kostet 1.000 Euro zuzüglich 19% d.h. 190 Euro Mehrwertsteuer und 50 Euro für den Versand, also in Summe 1240 Euro."

User: „Und was kostet das Fahrradmodell Monaco?"

Bot: „Das Fahrradmodell Monaco kostet 1.200 Euro zuzüglich 19% d.h. 228 Euro Mehrwertsteuer und 50 Euro für den Versand, also in Summe 1.478 Euro."

User: „Und was kostet das Fahrrad Modell Roma?"

Bot: „Das Fahrradmodell Roma kostet 800 Euro zuzüglich 19% d.h. 152 Euro Mehrwertsteuer und 50 Euro für den Versand, also in Summe 1.002 Euro."

Beispiel 5 (mit Tapering):

User: „Was kostet das Fahrrad Modell San Remo?"

Bot: „Das Fahrradmodell San Remo kostet 1.000 Euro zuzüglich 19% d.h. 190 Euro Mehrwertsteuer und 50 Euro für den Versand, also in Summe 1.240 Euro."

User: „Und was kostet das Fahrrad Modell Monaco?"

Bot: „Das Fahrradmodell Monaco kostet 1.200 Euro. Inklusive Mehrwertsteuer und Versand sind es dann 1.478 Euro"

User: „Und was kostet das Fahrrad Modell Roma?"

Bot: „Das Fahrradmodell Roma kostet alles inklusive 1.002 Euro"

Beispiel 4 ist deutlich angenehmer und kommt der menschlichen Kommunikationsweise deutlich näher.

Jenga-Technik

Im bekannten Spiel Jenga geht es darum, aus einem von vielen Einzelelementen gebauten Holzturm diese Elemente nach und nach zu entfernen, ohne dass der Turm kippt. Ähnlich sieht es auch bei dieser Technik im Rahmen von Conversational Design aus.

Hintergrund: Unser Gehirn benötigt ca. 250 Millisekunden, um ein Wort zu verarbeiten, d.h. um 100 Worte zu lesen und zu verarbeiten werden 25 Sekunden benötigt. Das bedeutet in diesem Fall, dass ich durch Einsparung von 50 Worten 12,5 Sekunden „Gesprächszeit" mit dem Bot spare und obgleich diese Zeit für ihren Kundenservice keine Kosten verursacht, bedeutet es für den Kunden andererseits investierte Zeit, welche er auch gerne spart, wenn trotzdem das gewünschte Ergebnis erreicht wird.

Beispiel 6 (vor Jenga):

„Wenn man etwas in einen informativen Text schreibt, steckt man oftmals viele Gedanken hinein und ehe man sich versieht, hat man etwas geschrieben, was viel zu lang ist und deutlich kürzer hätte ausfallen können. Daher ist es immer eine sehr gute Idee, einen Schritt zurückzumachen und sich das zuerst geschriebene anzuschauen und zu prüfen ,welche Worte eliminiert werden können. In den meisten Fällen kann man in etwa 50 Prozent der Worte einsparen, ohne den Sinn zu verlieren. Diese zusätzlichen Worte sind für das Verständnis des Inhalts vollkommen überflüssig. "

Beispiel 7 (nach Jenga):

„Wenn man etwas [...] schreibt was viel zu lang ist [...] kann man [...] 50% der Worte einsparen. [...] Diese Worte sind [...] überflüssig.“

In diesem Beispiel sind es deutlich über 50% Einsparung und dennoch ist der Inhalt intakt.

Discourse Marker

Mit Discourse Markern möchte man Nutzern im Rahmen Conversational Design Auswirkungen von benötigten Daten erläutern und so diese Informationen von ihnen erhalten.

Beispiel 8 (ohne Discourse Marker):

User: „Bitte füge die Jeans zu meinem Warenkorb dazu“

Bot: „Ich benötige eine Größenangabe.“

Beispiel 9 (mit Discourse Marker):

User: „Bitte füge die Jeans zu meinem Warenkorb dazu“

Bot: „Ich benötige Deine Größe, da ich sonst die Bestellung nicht abschließen kann. Gerne kann ich auf Basis Deiner bisherigen Bestellungen einen Vorschlag für dieses Modell machen. So wirst Du die passende Größe erhalten und wir vermeiden unnötigen Kosten für Retouren und schonen dabei auch die Umwelt“

Beispiel 10 (ohne Discourse Marker):

User: „Buche mir bitte für morgen 8 Uhr ein Zugticket von Berlin nach München“

Bot: „OK, erledigt. Willst Du eine Sitzplatzreservierung?“

Beispiel 11 (mit Discourse Marker):

User: „Buche mir bitte für morgen 8 Uhr ein Zugticket von Berlin nach München“

Bot: „OK erledigt. Ich empfehle eine Sitzplatzreservierung zu tätigen, da dieser Zug bereits sehr stark ausgelastet ist und daher morgen ein freier Sitzplatz vermutlich nicht verfügbar sein wird. Ich kann gerne jetzt nach freien Plätzen für Dich suchen. "

Wie man einfach erkennen kann, wirken Beispiele 8 und 10 deutlich freundlicher und vor allem überzeugender, die genannten Services zu nutzen.

Fazit

Gezieltes Entwickeln von Conversational Design Dialogen mit Hilfe von den hier vorgestellten Gesprächstechniken zur Gesprächssteuerung können das Bot-Kundenerlebnis und damit auch die Nutzungsrate deutlich verbessern. Dabei muss nicht zwingend jede der Techniken in jedem Prompt oder Dialog genutzt werden – ein gesunder Mix von unterschiedlichen Elementen sowie die Prüfung durch nicht beteiligte Dialogtester ist aber in jedem Fall ratsam.

Im nächsten Tipp der Woche zu Conversational Design werden wir uns dann den Fehlertypen bei Bot-Dialogen widmen und wie wir bzw. der Bot am besten damit umgeht.

Carlos Carvalho (Senior Berater)

Tipp 391: Sicherung einer hohen Kundenzufriedenheit im Nearshore Outsourcing von Contact Center Leistungen

Das Outsourcing von Customer Service Prozessen ist eine Option, der viele Unternehmen nachgehen. Hierbei spielen verschiedenste Erwägungen eine Rolle.

Die Motive für Outsourcing

Mit dem Auslagern des Customer Service sollen zum einen die Kosten gesenkt und zum anderen die Flexibilität erhöht werden. Personal ist nicht mehr auf der eigenen Payroll, die vertraglichen Laufzeiten mit den Dienstleistern sind zeitlich begrenzt und Dienstleister können bei Bedarf gewechselt werden. Nicht zuletzt gewinnt auch der Faktor der knappen Mitarbeiterressourcen immer mehr an Relevanz, wenn es um das Outsourcing von Dienstleistungen geht.

Der Kosteneffekt ist an Nearshore Standorten deutlicher als etwa bei einer Auslagerung von Leistungen an einen Dienstleister in Deutschland. Aber ist die Kosteneinsparung die einzige Motivation, den Kundenservice in den Nearshore Bereich auszulagern?

Aufgrund des oben schon erwähnten Mitarbeitermangels in Deutschland im Bereich Kundenservice haben auch Outsourcing Dienstleister in Deutschland die Herausforderung, ausreichend geeignete Mitarbeiter zu finden. Dies gelingt im Nearshore Bereich aktuell (noch) gut und die Jobs im Contact Center Bereich sind dort auch wesentlich höher angesehen und verhältnismäßig deutlich besser vergütet als in Deutschland. Im Nearshore Bereich gilt es jedoch, bestimmte Herausforderungen zu meistern, um auch dort eine hohe Zufriedenheit der Endkunden gewährleisten zu können.

Die Herausforderungen von Outsourcing im Nearshore Bereich

Nearshoring hat sicherlich eine hohe Komplexität und einige Stolpersteine, derer man sich bewusst sein muss. Es gibt räumliche und kulturelle

Distanzen sowie auch interne und externe Vorbehalte und Widerstände. Einige Unternehmen haben gegebenenfalls negative Erfahrungen mit Nearshore Lösungen gemacht. KPIs wie AHT, Produktivität, Sales und Krankenquote werden meist sogar besser als in Deutschland erfüllt.

Die größte Herausforderung beim Outsourcing im Nearshore Bereich liegt in der Aufrechterhaltung der qualitativen KPIs wie C-Sat, NPS, CRR und FCR. Dies ist begründet in der mangelnden Serviceerfahrung, der kulturellen Unterschiede und in den sprachlichen Fähigkeiten der Mitarbeiter. Aber gerade die qualitativen KPIs sind aus der Sicht der Endkunden besonders relevant, wenn ein Unternehmen sich über den Service von Wettbewerbern unterscheiden möchte.

Folgende Aspekte sollten beachtet werden, um die Etablierung einer hohen Kundenzufriedenheit im Nearshore Outsourcing gewährleisten zu können:

1. Stellen Sie für Ihren Dienstleister klare Anforderungen auf für die Rekrutierung der Agenten im Hinblick auf Sprachniveau, Erfahrung im Kundendienst, Rechtschreibung und sonstige für das jeweilige Projekt relevante Faktoren.
2. Alle diese Aspekte können mit Tests und Interviews evaluiert werden. Eine Kalibrierung der Evaluation mit dem Dienstleister ist ein Muss, da viele Dienstleister durch die verschiedenen Projekte und Anforderungen unterschiedlicher Auftraggeber auch unterschiedliche Bewertungsmaßstäbe speziell beim Thema Sprachniveau haben.
3. Halten Sie Ihre Qualitätsstandards kontinuierlich und nachhaltig aufrecht. Dies beginnt damit, klare Qualitätsstandards festzulegen, die Sie am besten in zwei Kategorien einteilen. Zum einen die fachliche und zum anderen die kommunikative Qualität. Für beide Kategorien sollten Messverfahren mit transparenten Scorecards genutzt werden. Auch der Einsatz eines externen Quality Assurance Dienstleisters sollte in Betracht gezogen werden.
4. Im Nearshoring bedarf es mehr als nur eines fachlichen Trainings. Viele Mitarbeiter haben die deutsche Sprache auf verschiedenen

Wegen gelernt. Oft fehlen jedoch interkulturelle Kompetenz und Empathie.

5. Des Weiteren ist die Mehrheit nicht mit den Datenschutzregelungen vertraut oder nimmt diese nicht ernst. Daher sollten Sie die Briefings und die Kontrollen zu diesem Thema umso mehr vertiefen.

6. Ein sehr wichtiger und unterschätzter Punkt ist das Branding der Mitarbeiter und das Verständnis für Ihren Markt. Machen Sie die Mitarbeiter des Dienstleisters mit Ihrem Unternehmen und Ihren Produkten vertraut und erläutern Sie die entsprechenden Positionierungen in Ihrem Markt. Im Kosovo sind die Mitarbeiter es beispielsweise nicht gewohnt, online einzukaufen oder einen Anruf bezüglich einer Vertragsverlängerung zu erhalten. Daher werden Sie so etwas ohne vorherige Erläuterungen auch weniger gut vermitteln können. Sorgen Sie dafür, dass die Mitarbeiter sich auch als Vertreter Ihres Unternehmens fühlen und nicht nur als Mitarbeiter des Auftragnehmers. Wenn Sie hier passiv bleiben, werden das Ihre Kunden in Form von mangelndem Engagement zu spüren bekommen.

Damit Sie ein vergleichbares Qualitätslevel und eine daraus resultierende Kundenzufriedenheit wie in Deutschland anbieten können, ist es wichtig, für alle oben genannten Aspekte ein Trainings- und Changekonzept zu erstellen und durchzuführen.

Fazit:

Nearshoring ist für den deutschen Customer Service nicht nur eine Option, sondern auch eine Notwendigkeit geworden, die es wohl überlegt zu nutzen gilt. Wenn Sie die oben dargestellten Maßnahmen richtig umsetzten, differenzieren Sie sich auch im Nearshoring von Ihren Wettbewerbern und bieten Ihren Kunden einen erstklassigen Service. Nur so macht Nearshoring wirklich Sinn; der Kostenaspekt allein ist nicht das entscheidende Kriterium.

Duron Nushi (Junior Berater)

Tipp 392: Trends in der Kundenkommunikation in 2021: Was ist aktuell gefragt?

Wir alle haben schwierige Zeiten hinter uns, in denen es viele Veränderungen gab und es ist absehbar, dass es diese auch noch weiterhin geben wird. Corona hat die Digitalisierung enorm vorangetrieben und einige Gewohnheiten geändert.

Der Arbeitsmarkt hat sich verändert und der Anteil an Homeoffice ist stark angestiegen. Aber auch im privaten Leben hat sich vieles verändert. Das Kaufverhalten hat sich massiv in den Online-Handel verlagert und auch die Kundenkommunikation ist nicht mehr so wie sie einmal war.

Wie aktuelle Studien zeigen, möchten knapp 50 Prozent der deutschen Verbraucher*innen bei der Kundenkommunikation flexibel zwischen verschiedenen Kanälen wechseln. Hier ist es wichtig, den richtigen Kanal für die jeweilige Anfrage bereit zu halten und das Thema Kanalstrategie tief greifend zu betrachten. Das bedeutet auch, dass kanalübergreifend kommuniziert werden muss. Der Kunde schickt eine E-Mail und wir rufen ihn daraufhin an. Der Kunde startet ein Gespräch im Chat und der Kundenberater versendet währenddessen eine SMS an ihn.

Vorhersagen über die Nutzung der verschiedenen Kundenkanäle haben sich nicht bestätigt. Alle Prognosen, dass der telefonische Kontakt stark zurückgeht, sind in der Bandbreite der Prognose nicht eingetroffen.

In den bisherigen Monaten während der Corona-Pandemie hat sich immer wieder gezeigt, wie wichtig der persönliche als auch der effiziente Austausch in einer immer digitaler werdenden Welt ist. KPIs wie Kundenzufriedenheit und Servicelevel werden daher auch in der Zukunft für den Erfolg eines Unternehmens gleichbleibend wichtig sein. In der Kommunikation über E-Mail, SMS oder Social Media empfiehlt sich bei sehr emotionalen, wichtigen, zeitkritischen oder komplexen Themen nach wie vor der telefonische Kontakt mit einem Agenten, da dadurch vor allem eins vermittelt werden kann: Kundennähe und Empathie.

Kontakte über WhatsApp und Social Media nehmen zu und sind voll im Trend. Der Anteil an Kundenkontakten über Apps und somit die Nutzung von WhatsApp und Social Media ist rasant gestiegen. Dadurch verändert sich allerdings der Anspruch, wie schnell auf diese Kontaktkanäle geantwortet werden muss.

Wenn die Mehrheit der Anfragen sehr zeitnah oder in Echtzeit abgearbeitet oder sogar proaktiv antizipiert und beantwortet werden müssen, braucht es im Kanalmix eine Priorisierung der Echtzeit- und proaktiven Kommunikation – also Chat, Telefonie, SMS, WhatsApp oder sogar Social Media.

Sind die Themen eher sachlich, eindimensional und nicht zeitkritisch, ist E-Mail ein bevorzugter Kanal. Ein weiterer Vorteil der Kommunikation über E-Mail: die Dokumentier- und Nachvollziehbarkeit.

Zusätzlich muss, je nach Thema, die Kundengruppe berücksichtigt werden. Traditionelle Kunden bevorzugen beispielsweise auch die traditionellen Kanäle wie E-Mail und Telefon. Kaum jemand kommt heute an digitalen Kommunikationskanälen vorbei. Ganz klar im Trend vor allem bei jüngeren Kundengruppen ist dabei der Chat, aber auch WhatsApp und Social Media sind im Vormarsch. Viele Unternehmen stellen schon jetzt mindestens 2 Kommunikationskanäle zur Auswahl – Tendenz steigend.

Unter dem Strich hat es eine sehr gute Verteilung von Kontaktmengen auf die verschiedensten Kommunikationskanäle gegeben. Die klassischen Kontakte per Call und Mail sind weiterhin wichtig und nicht wegzudenken. Ebenso ist der Anteil der digitalen Kontakte deutlich gestiegen.

Es zeigt sich, dass die zentrale Kontaktstelle zwischen Kunde und Unternehmen nach wie vor das Contact Center im Kundenservice ist. Demzufolge ist es ein entscheidendes Schlüsselelement der Kundenbindung. Wer sich in der Zukunft ein stärkeres Customer Engagement als Ziel gesetzt hat, kommt an einer Kommunikationskanalstrategie also kaum noch vorbei. Aber all Ihre Bemühungen und Investitionen werden sich lohnen: Bessere Kundenerfahrungen, stärkere Kundenbindung.

Der große Vorteil: Die Technologien für die Implementierung neuer Kanäle sind verfügbar und somit kurzfristig einsetzbar.

Fazit:

Auch bei Ihrer Suche nach einer passenden Strategie für eine effiziente Kundenkommunikation sollte die Auswahl der Kanäle an oberster Stelle bei der Planung stehen. Den Verantwortlichen von Contact Centern sollte bewusst sein, dass es den „einen Kanal", über den die gesamte Kundenkommunikation läuft, längst nicht mehr gibt. Kunden wollen auf mehreren und innovativen Kommunikationskanälen kommunizieren. Und das kanalübergreifend!

Udo Ociepka (Senior Berater)

Tipp 393: Qualitative Personalbedarfsmessung (HRP) – Im Fokus: Bestandsmitarbeiter

In Zeiten von Corona bedingter Kurzarbeit und zunehmender Digitalisierung stellen sich Unternehmen immer öfter die Frage, wie viele Personalressourcen in der Zukunft benötigt werden. Und mit welchen Bestandsmitarbeitern das Geschäftsmodell nachhaltig weiterentwickelt werden kann.

Grundsätzlich gilt es, zukünftig die Kernfunktionen des Personalmanagements stärker mit der betrieblichen Leistungserstellung eines Unternehmens zu verknüpfen und die Arbeitsergebnisse hinsichtlich des Outcomes, der Qualität und der Performance kontinuierlich zu hinterfragen. Die oft beschriebenen Veränderungen in Gesellschaft und Business erfordern auch in der Personalentwicklung (PE) neue Konzepte. Individuelle Personalentwicklung ist zudem ein an Bedeutung gewinnender Baustein in der Mitarbeiterbindung.

Derzeit sind nur vereinzelt ganzheitliche Systeme zur Messung und Steigerung der Wertschöpfung der Mitarbeiter im Einsatz. In der Regel wird versucht, im Rahmen von jährlichen Beurteilungsgesprächen das Potenzial des Mitarbeiters zu messen. Dies erfolgt dann über die subjektive Einschätzung der direkten Führungskraft. Diese klassischen Mitarbeiterbeurteilungen sind jedoch meistens nicht aussagekräftig genug. Es gilt Maßnahmen in der Personalentwicklung zu entwickeln, die eine transparente sowie leistungs- und potenzialorientierte Förderung der Mitarbeiter ermöglicht.

Human Resource Portfolio (HRP)

Wir möchten heute auf eine Methode eingehen, welche die Potenziale und Stärken der Mitarbeiter*innen richtig analysiert, um anschließend effektive und individuelle Maßnahmen abzuleiten. Zudem ist es wichtig zu wissen, wie viele Mitarbeiter*innen tatsächlich notwendig sind, wenn sie einerseits die fachlichen, methodischen Voraussetzungen und andererseits die Erwartungen aus Sicht des Unternehmens (Produktivität,

Qualität, etc.) erfüllen. Gemeint ist die Analyse des Human Resource Portfolio, kurz HRP. HRP selbst wird oft auch als qualitative Personalbedarfsmessung beschrieben, also als Ergänzung zur Ermittlung des quantitativen Ressourcenbedarfes, z. B. aus einem Forecast-Prozess. Mitarbeiter*innen, welche die Anforderungen in ihrem aktuellen Job nachhaltig erfüllen und aktiv an der Wertschöpfung beteiligt sind, werden automatisch den Personalbedarf reduzieren. Denn oft werden heute Ressourcenberechnungen anhand von qualitativen Untererfüllungen und Minderleistungen durchgeführt (z. B. überdurchschnittliche Abwesenheiten, begrenzte Flexibilität, geringer Outcome, schlechte Qualität). Das heißt, es werden Minderleistungen einer mittlerweile nicht mehr kleinen Mitarbeitergruppe als gegebene Planungsparameter dauerhaft im Kapazitätsmanagement verarbeitet. Eine Ausrichtung am Soll findet nur noch selten statt.

Zielstellungen von HRP

Ziel der Human-Resource-Portfolio-Analyse (HRP) sind valide Aussagen über die Stärken und Schwächen in der Personalstruktur. Diese sind die Basis für eine gezielte und nachhaltige Anpassung der Personalzusammensetzung und Personalkostenoptimierung.

Die Ziele im Einzelnen:

- Transparenz über den Umsetzungsgrad der Unternehmensstrategie im aktuellen Personalportfolio,
- Systematische Beurteilung der Mitarbeiterqualifikation und -qualität anhand objektiver Kriterien, differenziert nach Führungskräften und Mitarbeitern,
- Identifikation der „Best/Middle/Low Performer", unbeeinflusst von informellen Strukturen und Beziehungsgeflechten,
- Kaskadenförmige Überprüfung von Bereichen und Abteilungen, um eine ausgewogene Mitarbeiterstruktur je Team zu erreichen,
- Basis für die Entwicklung einer mittel- bis langfristigen Personalstrategie, -planung und -entwicklung,

- Entscheidungsgrundlage für die fundierte Personalversetzung oder Personalfreisetzung im Rahmen der Personalkostenreduzierung durch Prozessoptimierung und Outsourcing.

HRP hat dabei zwei Dimensionen: a) die Leistung und b) das Potenzial eines Mitarbeiters. Ziel ist es, über diese beiden Dimensionen einerseits die bisherigen Faktoren in der Leistungserbringung als auch die zukünftigen Faktoren zu kennen und zu bewerten.

Zur Erzielung von validen und objektiven Aussagen werden unternehmensindividuell Bewertungskriterien für die Betrachtungsebenen „Leistung" und „Potenzial" definiert und gewichtet. Die Kriterien sind subjektiv (zum Beispiel die strukturierte Bewertung durch die direkte Führungskraft) und objektiv (zum Beispiel die Bedeutung für die Wertschöpfung, Leistungskennzahlen, die Betriebszugehörigkeit, die erforderlichen Qualifikation, die fachlichen und sozialen Skills und Kompetenzen oder der bisherige berufliche Werdegang innerhalb und außerhalb des Unternehmens).

Die Auswertungen der Analyse liefern die Basis für den mit der Geschäftsleitung abgestimmten Maßnahmen- und Umsetzungsplan (z. B. die Anpassung des Personalbestandes, die Modifizierung des Personalentwicklungskonzeptes). Wichtig ist es, bereits im Rahmen der ersten Durchführung die organisatorischen Rahmenbedingungen für eine kontinuierliche Analyse (Empfehlung: mindestens jährlich) zu schaffen. Die Human-Resource-Portfolio-Analyse ist ein Instrument, mit dem sich Transparenz über die Leistungsfähigkeit und die Potenziale der Mitarbeiter*innen herstellen lässt. Diese Transparenz ermöglicht einen fairen Umgang mit den Mitarbeitern*innen im Rahmen von Personalentwicklungs- und Veränderungsprozessen. Durch die konsequente Umsetzung von individuellen Handlungsmaßnahmen kann gezielt die Wertschöpfung einzelner Mitarbeiter*innen gesteigert werden. So wird langfristig die Beschäftigungsfähigkeit der Mitarbeiter*innen als auch eine Bindung an den Arbeitgeber sichergestellt.

Fazit: Steigende Kosten durch eine hohe Fluktuation und durch permanentes Recruiting lassen sich mittels HRP nachhaltig senken. Außerdem werden fehlende oder erweiterbare Skills transparent gemacht, die man einerseits outsourcen oder andererseits im Rahmen der Personalentwicklung gezielt implementieren kann. Die Gesamtperformance der Belegschaft steigt und die Mitarbeiterzufriedenheit wächst aufgrund der sehr individuellen Förderung.

HRP erscheint zunächst zeitaufwändig und komplex. Jedoch sind die nachweislich erzielbaren Effekte mehr als lohnend.

Jens Mühlberg (Partner im Beraternetzwerk von junokai)

Tipp 394: Künstliche Intelligenz (KI) und Kundenfokus

... oder: Wie beeinflusst KI Produktion und Kundenservice in den kommenden Jahren?

Was bedeutet KI für unsere Arbeitswelt? Schon heute sind wir in unserem Alltag von digitalen Medien und Computern abhängig. Ein rein analoges Arbeitsumfeld ist zum Auslaufmodell geworden. Heute ist es eine Selbstverständlichkeit, mit E-Mails, Smartphones und einer Cloud zu arbeiten. Künftig werden KI-Systeme in unserem Alltag zur Normalität gehören.

Intelligente Assistenten, die unsere Arbeitsabläufe unterstützen, Algorithmen, die unsere Organisation effizienter gestalten und Programme, die unsere visuellen und sprachlichen, aber auch unsere analytischen oder physischen Kompetenzen erweitern, werden Menschen in allen Bereichen unterstützen. Bis heute ist es möglich, in der einen oder anderen Weise ein „Business as usual" in vielen Sparten zu betreiben und den Kunden dabei aus dem Blick zu verlieren. Was wollen meine Kunden wirklich? Was benötigen sie, oder wie verändern sich die Bedürfnisse meiner Kunden?

Wie nun kann KI bei der Beantwortung dieser Fragen unterstützen?

Lassen Sie mich ein Beispiel aus der Praxis nehmen, dass wir alle gut kennen. Sie rufen auf der Service-Hotline ihres Versandhändlers an, da sie diese schicke Bettwäsche aus dem aktuellen Flyer unbedingt haben möchten. Nachdem die freundliche Servicemitarbeiterin ihre Bestellung aufgenommen hat, bietet sie ihnen noch das aktuelle Koffer-Set an, welches gerade diese Woche um 30 Prozent reduziert ist. Denken Sie jetzt nicht auch, wie kommt sie jetzt auf ein Koffer-Set?

Antwort: Es wurde ihr als Anweisung vorgegeben, dieses Set in KW27 jedem Kunden im Anruf anzubieten. Sie hat keine KI zur Unterstützung.

Mit einer entsprechenden technischen KI-Unterstützung hätte Sie Ihnen die passenden Bettlaken, die bunte Tagesdecke oder die harmonierenden Vorhänge dazu angeboten, aber eben kein Koffer-Set. Und diese

Zusatzangebote hätten sie dann mit einer hohen Wahrscheinlichkeit auch gleich mitbestellt.

Nach Einschätzung der Forschung wird hier die KI eine Neustrukturierung des Marktes vornehmen, in dem Unternehmen einerseits wirklich wissen (durch mehr verfügbare und tatsächliche genutzte Daten), wie, was, wann, wie lange, in welchem persönlichen Kontext und sogar warum ihr Produkt oder Service genutzt oder gekauft wird.

Andererseits werden Unternehmen sich in den kommenden zehn Jahren in einem Umfeld von konkurrierenden Anbietern weiterentwickeln, welche sich ebenfalls mit den lukrativen Alternativen einer KI auseinandersetzen, sie eventuell weiterdenken, schneller einsetzen und ihre Produkte oder Services somit früher als die Marktbegleiter den neuen Gegebenheiten anpassen.

Dieser Konkurrenzdruck und die sich neu eröffnenden Möglichkeiten durch KI Zugang zu Informationen, Daten, Produkten zu haben, führt dazu, dass nicht mehr ausschließlich das vermarktet werden kann, was produziert wird, sondern zunehmend nur das produziert werden muss, was sich ihre Kunden tatsächlich wünschen oder wirklich brauchen.

Neben dem Vertrieb und der Produktion lässt sich KI aber auch hervorragend im Kundenservice einsetzen. Nehmen wir einmal eine Mahnung als ein häufig auftretendes Beispiel für einen Anrufgrund im Kundenservice. Ein Kunde erhält eine Mahnung zu seiner letzten Bestellung, da er das Zahlungsziel aus den Augen verloren hat. Der Kunde hat vorher noch nie eine Mahnung erhalten. Er zahlt sonst immer pünktlich seine Rechnungen. Der Kunde ruft nun erbost beim Kundenservice des Unternehmens an, um sich zu beschweren.

Unser Kunde nutzt die Sprachansage, die mit einer Sprachanalyse arbeitet, die wiederum von einer KI unterstützt wird und nennt lautstark seine Kundennummer. Die eingesetzte Spracherkennung erkennt natürlich sofort sein Kundenkonto und den Mahnstatus und ermittelt zugleich mittels der eingesetzten KI seine Stimmung. Diese gesamten Informationen werden dem annehmenden Servicemitarbeiter zur Verfügung gestellt.

Aufgrund der vorliegenden Informationen wird der Kunde direkt zu dem Mitarbeiter in die Buchhaltung geroutet, der bereits den Vorgang auf dem Bildschirm geöffnet hat und Erfahrungen mit Mahnkunden in diesem Status hat. Der Mitarbeiter kann so gezielt auf das Kundenanliegen emotional sowie fachlich eingehen, ohne dass der Kunde erst um weitere Informationen gebeten werden muss. Dem Kunden wird sofort geholfen.

Ich freue mich immer wieder, wenn ich bei einem großen globalen Onlineversand daran erinnert werde, dass Artikel wieder geliefert werden können und dass wir selbstverständlich noch Artikel ergänzen bzw. rausnehmen können. Oder dass ich Artikel vorgeschlagen bekomme, nach denen ich nie geschaut habe, die mir aber plötzlich zum Kauf angeboten werden und die mir auch noch gefallen.

Erschreckend? Nein! Das ist der Kundenservice der Zukunft, zu wissen, was der Kunde möchte oder benötigen könnte, ohne dass er selbst aktiv werden muss.

Sandra Lenzing (Beraterin)

Tipp 395: Führung, Coaching und Mentoring im „New Normal"

Durch die COVID-19-Pandemie hat das Thema Digitalisierung und mobiles Arbeiten in fast allen Unternehmen enorm an Geschwindigkeit und Stellenwert gewonnen. Viele Unternehmen fragen sich, ob sie überhaupt eine Digitalisierungsstrategie haben, was dazu notwendig ist und ob die eingeschlagenen Maßnahmen zur Digitalisierung richtig und nachhaltig sind? Das sind genau die Fragen, mit denen sich Unternehmen auseinandersetzen sollten. Die Beantwortung dieser Fragen geschieht aber meist aus einer *„technischen Perspektive"*, oft zu wenig aus *„Kundenperspektive"* und fast nie aus einer *„Mitarbeiterperspektive"*. Dabei sollte aber gerade die Kundenperspektive eine wesentliche Grundlage von Unternehmensentscheidungen bilden, um erst danach deren technische Umsetzungsmöglichkeit zu prüfen. Zum Thema *„Kundenperspektive"* innerhalb der Digitalisierungsstrategie gibt es zahlreiche Abhandlungen und ist sicher auch noch mal einen eigenen Tipp der Woche wert, jedoch möchte ich mich in diesem Artikel auf die *„Mitarbeiterperspektive"* konzentrieren.

Mit *„Mitarbeiterperspektive"* ist hier insbesondere gemeint, welche Auswirkungen die Digitalisierungsstrategie eines Unternehmens und die damit einhergehenden Veränderungen bei Mitarbeitern und Führungskräften erzeugt. In diesem Kontext ist es möglich, dass Aufgaben und Funktionen gänzlich wegfallen, sich verändern oder neue hinzukommen. Doch wie setzen Mitarbeiter und Führungskräfte diese Anforderungen um, welche Veränderung/Anpassung ist die Richtige und wer bewertet das seitens des Unternehmens und gibt Feedback? Das ist klassische Managementaufgabe gemeinsam mit einer gut unterstützenden HR-Organisation. Dass dieser Prozess grundsätzlich schon von recht vielen Herausforderungen geprägt ist, wissen alle, die an Transformationsprozessen beteiligt sind oder schon einmal waren. Aber welche zusätzlichen Herausforderungen gibt es insbesondere dann, wenn Mitarbeiter und Führungskräfte entweder gänzlich im Homeoffice sind oder in sogenannten hybriden Modellen arbeiten?

Von hybriden Modellen oder mobilem Arbeiten spricht man unter anderem, wenn im regelmäßigen Wechsel zwischen zu Hause und im Büro vor Ort gearbeitet wird. Diese Form des Arbeitens wird sicher auch über die Pandemie hinaus Bestand haben und wird deshalb auch als das „New Normal" bezeichnet, da man davon ausgehen kann, dass es ein ausschließliches oder gänzliches zurück ins Office nicht mehr geben wird.

Aber was genau können Unternehmen nun tun, um im „New Normal" einerseits mitarbeiterorientiert, aber gleichzeitig auch effizient und performant zu arbeiten:

- **Hybrides Arbeiten und Führen braucht Rahmen und Struktur.** Mitarbeiter und Führungskräfte benötigen Klarheit zu Prozessen und Kommunikationswegen.
- **Hybrides Arbeiten braucht selbstständige und selbstmotivierte Mitarbeiter und Führungskräfte.** Prüfen Sie, ob Ihre Mitarbeiter und Führungskräfte diese Kriterien erfüllen, da diese maßgeblich für den Erfolg in diesem Arbeitsmodell sind.
- **Die Ziele des Unternehmens und Ziele einzelner Teams müssen klar definiert und kaskadiert sein.** Bei mehr selbstorganisiertem Arbeiten braucht es klar definierte Ziele.
- **Führungskräfte müssen ihren Mitarbeitern vertrauen und sie zu Mitunternehmern entwickeln.** Kennen Mitarbeiter ihren Handlungsspielraum und wissen um das Vertrauen ihres/ihrer Vorgesetzten, dann schaffen Sie die Voraussetzung, dass Ihre Mitarbeiter unternehmerisch denken und handeln.
- **Überprüfen Sie die Häufigkeit, Dauer und Anzahl der Teilnehmer in Ihren Meetings.** Nur weil Mitarbeiter auf Distanz arbeiten, braucht es nicht mehr Meetings oder jeden Tag einen Meeting-Marathon.
- **Es braucht Zeit, um einen bestimmten Reifegrad in Ihrem Unternehmen zu entwickeln.** Unabhängig des jeweiligen Status in Ihrem Unternehmen geben Sie sich ausreichend Zeit, um

selbstorganisiertes Arbeiten in Ihrer Organisation nachhaltig zu verankern.

Unternehmen, die diese Punkte berücksichtigen, werden schnell bemerken, dass die durch die Pandemie erzwungene Beschleunigung der neuen Art des Zusammenarbeitens viele Chancen und Vorteile mit sich bringt. So können Sie nicht nur Kosten bei Bürogebäuden und Reisen einsparen, sondern Ihren Mitarbeitern auch mehr Verantwortung und damit mehr Motivation im Job geben. Diejenigen, die sich trauen, diesen Weg konsequent zu gehen, werden sich dadurch einen wesentlichen Wettbewerbsvorteil schaffen und die Attraktivität des Unternehmens steigern.

Markus Müller (Senior Berater)

Tipp 396: Anforderungen an vertrauenswürdige Künstliche Intelligenz (KI)

Künstliche Intelligenz (KI) hat in den letzten Jahren beeindruckende Fortschritte gemacht und prägt als Schlüsseltechnologie Wirtschaft und Gesellschaft entscheidend mit. Prominente Beispiele für ihre Anwendung finden sich in der medizinischen Diagnostik und zukünftig im autonomen Fahren. Aber auch in den Kundenservice Touchpoints kommt heute bereits KI zum Einsatz.

Es liegt auf der Hand, dass KI und darauf basierende Geschäftsmodelle nur dann ihr volles Potenzial entfalten können, wenn KI nach hohen Qualitätsstandards entwickelt und gegen Risiken wirksam abgesichert wird. Ein Beispiel für ein solches KI-Risiko ist die ungerechtfertigte Diskriminierung von Nutzern bei der KI-gestützten Verarbeitung personenbezogener Daten wie z.B. zur Kreditvergabe oder Personalauswahl. Ein anderes Beispiel sind Fehlprognosen, die sich aus kleinen Störungen in den Eingabedaten ergeben, etwa wenn Anrufer anhand ihrer Stimme nicht korrekt erkannt und einem falschen Datensatz zugeordnet werden. Das Auftreten dieser neuen Risiken hängt eng mit der Tatsache zusammen, dass sich der Entwicklungsprozess von KI insbesondere von solchen, die auf maschinellem Lernen basieren, stark von der herkömmlichen Software unterscheidet. Denn das Verhalten von KI soll im Wesentlichen aus großen Datenmengen gelernt und nicht durch die Programmierung fester Regeln vorgegeben werden.

Die Frage der Vertrauenswürdigkeit von KI-Anwendungen ist daher von zentraler Bedeutung und Gegenstand zahlreicher Veröffentlichungen. Es besteht Einigkeit darüber, dass die oft abstrakt beschriebenen Anforderungen an vertrauenswürdige KI konkretisiert und greifbar gemacht werden müssen. Eine Herausforderung dabei ist, dass die konkreten Qualitätskriterien für eine KI stark vom Anwendungskontext und mögliche Maßnahmen zu ihrer Erfüllung wiederum stark von der eingesetzten KI-Technologie abhängen. So sind beispielsweise die Anforderungen an die Vertrauenswürdigkeit eines KI-Systems bei einer automatisierten Analyse von Kreditunterlagen anders zu bewerten als bei der automatisierten Beantwortung von Serviceanfragen im Customer Care.

Am Beispiel des *„Leitfadens zur Gestaltung vertrauenswürdiger Künstlicher Intelligenz"* des Fraunhofer Instituts für Intelligente Analyse- und Informationssysteme (IAIS), sollen im Folgenden die wichtigsten Anforderungen an vertrauenswürdige KI dargestellt werden. Das IAIS empfiehlt die Prüfung anhand von sechs Dimensionen, in denen ethische, rechtliche und technische Aspekte Berücksichtigung finden.

1. Fairness

Der Prüfpunkt Fairness stellt sicher, dass die KI nicht zu einer ungerechtfertigten Diskriminierung führt. Typische Anhaltspunkte hierfür wären unausgewogene (voreingenommene) Trainingsdaten oder die statistische Unterrepräsentation von Personengruppen, was zu einer verminderten Qualität der KI-Anwendung in Bezug auf diese Gruppen führen kann. Es ist zu verhindern, dass die KI unfaires beziehungsweise diskriminierendes Verhalten gegenüber den Nutzern lernt. Als Ausfluss des allgemeinen Gleichbehandlungsgrundsatzes muss eine KI sowohl ethisch als auch rechtlich dem Grundsatz der Fairness genügen. Damit ist das Verbot gemeint, gleiche soziale Umstände ungleich oder ungleiche gleich zu behandeln, es sei denn, ein abweichendes Vorgehen wäre sachlich gerechtfertigt. Dies bedeutet insbesondere, dass Personen nicht diskriminiert werden dürfen, weil sie zu einer Randgruppe oder benachteiligten Gruppe gehören.

2. Autonomie und Kontrolle

Zum einen wird in diesem Prüfpunkt die Autonomie der KI und zum anderen des Nutzers kontrolliert. Einerseits ist hier zu beurteilen, welcher Grad an Autonomie für die Anwendung angemessen ist. Andererseits wird geprüft, ob der Nutzer durch die KI angemessen unterstützt wird und genügend Handlungsspielraum in der Interaktion mit der KI erhält. Der Vorrang menschlichen Handelns erfordert darüber hinaus, dass der Einzelne umfassend informiert und befähigt wird, kompetente Entscheidungen zu treffen. Insbesondere muss im Sinne der Wahrung der Nutzerautonomie sichergestellt werden, dass eine Delegation von Entscheidungsbefugnissen an eine KI explizit definiert und gewollt ist und nicht im Verborgenen stattfindet. Nutzer und Betroffene müssen über die Funktionsweise und die möglichen Risiken von KI sowie über ihre Rechte und Beschwerdemöglichkeiten informiert werden.

3. Transparenz

Unter diesem Punkt werden Aspekte der Verständlichkeit, Reproduzierbarkeit und Erklärbarkeit subsumiert. Es wird insbesondere untersucht, ob die grundsätzliche Funktionsweise der KI für den Nutzer hinreichend verständlich ist und ob die Ergebnisse nachvollziehbar und begründbar sind. In einigen Anwendungskontexten mag Transparenz eine untergeordnete Rolle spielen. So ist es beispielsweise für einen Nutzer einer KI-basierten Spracherkennung kaum wichtig zu wissen, warum die KI das jeweilige gesprochene Wort korrekt erkannt hat oder nicht. In diesem Kontext, in dem die (technische) Transparenz der KI nicht sicherheitskritisch ist, dient Transparenz in erster Linie der Stärkung der Vertrauenswürdigkeit der KI oder sorgt für eine höhere Zufriedenheit der Nutzer.

4. Verlässlichkeit

Bei der Prüfung der Verlässlichkeit geht es hauptsächlich um die Qualität der KI und deren Anfälligkeit für äußere Einflüsse. Ergebnisse der KI müssen bei kleinen Veränderungen der eingegebenen Daten konsistent bleiben. Es wird versucht, das Risiko fehlerhafter Vorhersagen zu minimieren. Aus technischer Sicht umfasst die Verlässlichkeit die Aspekte: Die Korrektheit der Ausgaben, die Abschätzung der Unsicherheiten, die Robustheit gegenüber gestörten oder manipulierten Eingaben sowie unerwarteten Situationen und nicht zuletzt das Abfangen von Fehlern.

5. Sicherheit

Dieser Aspekt adressiert sowohl funktionale Sicherheitseigenschaften als auch den Schutz vor Angriffen und Manipulationen der KI. Die Maßnahmen beziehen sich in erster Linie auf die Einbettung der KI und umfassen u.a. klassische IT-Sicherheitsmethoden. In diesem Bereich geht es um das Risiko unbeabsichtigter Personen- oder Sachschäden, die durch eine

Fehlfunktion oder ein Versagen der KI infolge mangelhafter IT-Sicherheit begünstigt oder sogar verursacht werden. Gefährdungen im Bereich Sicherheit können sich als Funktionsausfall oder starke Funktionsänderung der KI äußern.

6. Datenschutz

Dem Schutz sensibler Daten im Zusammenhang mit der Entwicklung und dem Betrieb einer KI ist natürlich ebenfalls von großer Bedeutung. Dabei geht es sowohl um den Schutz personenbezogener Daten als auch um den Schutz von Geschäftsgeheimnissen. Dieser Bereich befasst sich mit den Risiken im Zusammenhang mit einer nicht DSGVO-konformen Verwendung personenbezogener Daten durch die KI sowie mit dem Risiko der Re-Identifizierung von Personen in einem Datensatz und mit Risiken, die dadurch entstehen, dass geschäftsrelevante Informationen durch die KI unerwünscht preisgegeben werden. Auch das Risiko, dass neue Hintergrundinformationen etwa zur Erstellung eines Personenbezugs entstehen oder dass sich die Anforderungen an die Verarbeitung von Daten durch die KI ändern.

Aufgrund ihrer Eigenschaften ist es möglich, dass KI in verschiedene Rechtspositionen eingreifen. Besonders häufig sind dies Eingriffe in die Privatsphäre oder das Recht auf informationelle Selbstbestimmung. So verarbeiten KI-Anwendungen häufig sensible Informationen, etwa persönliche oder private Daten wie Sprachaufnahmen, Fotos oder Videos. Daher muss sichergestellt sein, dass die einschlägigen Datenschutzbestimmungen, wie die DSGVO und das Bundesdatenschutzgesetz (BDSG), eingehalten werden.

KI-Anwendungen können jedoch nicht nur ein Risiko für die Privatsphäre des Einzelnen darstellen. Es können auch (Geschäfts-) Geheimnisse betroffen sein, die zwar keine personenbezogenen Daten im Sinne der DSGVO darstellen, aber dennoch rechtlich schützenswert sind. So können beispielsweise Maschinendaten – völlig unabhängig von der Frage, welche Person als Maschinenbediener tätig war – Informationen über die Prozessauslastung oder Fehlerquoten enthalten und damit sensible geschäftsbezogene Daten darstellen.

Abschließend ist es erforderlich, die Prüfungsergebnisse der einzelnen Aspekte untereinander ins Verhältnis zu setzen. So kann es zu Zielkonflikten der einzelnen Prüfpunkte kommen, die durch Abwägung der Restrisiken entsprechend zu würdigen sind.

Kommt man zu dem Ergebnis, dass unvertretbare Restrisiken bestehen, ist die KI als nicht vertrauenswürdig einzustufen.

Wurden keine unvertretbaren, aber dennoch nicht zu vernachlässigenden Restrisiken identifiziert, muss untersucht werden, inwieweit diese mit möglichen Zielkonflikten zwischen den Prüfkriterien zusammenhängen. Dabei ist insbesondere zu erörtern, inwieweit Restrisiken in einem Aspekt unvermeidbar sein können, um Risiken in einem anderen Punkt zu mindern. Wenn argumentiert wird, dass ein Restrisiko aufgrund eines Zielkonflikts nicht gemindert werden kann oder sollte, sollte die gewählte Priorisierung in Bezug auf den jeweiligen Zielkonflikt abgewogen und begründet werden.

- Wenn nicht plausibel begründet werden kann, dass die bestehenden Restrisiken aufgrund von Zielkonflikten unvermeidbar sind, sollte die KI nicht als vertrauenswürdig eingestuft werden.
- Wenn plausibel argumentiert werden kann, dass alle bestehenden Restrisiken aufgrund kaum vermeidbarer Kompromisse in Kauf genommen werden müssen und die Priorisierung in Bezug auf die bestehenden Konflikte erläutert wird, kann die KI trotz nicht vernachlässigbarer Restrisiken als vertrauenswürdig bewertet werden. Die Bewertung, ob die KI vertrauenswürdig ist, muss detailliert begründet werden.

Wurde in jedem Aspekt festgestellt, dass die Restrisiken vernachlässigbar sind, ist die KI als vertrauenswürdig zu bewerten.

Felix Prömel (Principal)

Tipp 397: Übersetzung strategischer Ziele in die richtige Organisation und Steuerung

Mit diesem Tipp der Woche will ich erneut ein Thema aufgreifen, was essenziell ist für die erfolgreiche Steuerung von Kundenservice-Einheiten. Allerdings beobachten wir in der Praxis immer wieder, dass die Ableitung konsequenten Handelns aus einer zuvor festgelegten Strategie in den Servicebereichen vieler Unternehmen leider zu kurz kommt.

Getreu dem Motto, dass man den Wind nicht ändern, aber die Segel anders setzen kann, sollte das Agieren zu jeder Zeit vor dem Reagieren stehen. Aber gerade in Service-Einheiten sieht die Realität anders aus:

Vieles beginnt mit einer unkonkreten oder gar fehlenden strategischen Zielplanung. Welchen Zweck soll der Kundenservice in den kommenden Jahren erfüllen? Welche Vision hat das Unternehmen für seinen Service?

Dass die Antwort eine Spannbreite einnehmen kann von einem Kundenservice als einem „notwendigem Übel" bis hin zu dem mit einer „strategischen Bedeutung als Wettbewerbsdifferenzierung und Vertriebsmotor" liegt auf der Hand, aber es sollte schon einmal eindeutig für alle Beteiligten im Unternehmen festgelegt und kommuniziert werden. Nur wenn klar ist, wie hoch die Latte liegt, wissen die Mitarbeiter, was zu erreichen ist, um diese auch wirklich gezielt und nachhaltig zu überqueren.

Abgeleitet werden von der Vision sollten im Anschluss dann die Dimensionen, die man mit Maßnahmen vorantreiben will, und ebenso auch die Kennzahlen, die dazu dienen, an der Erreichung der taktischen Ziele zu arbeiten. Dimensionen und Kennzahlen können sich sowohl auf den zu bedienenden Kunden als auch auf die interne Effizienz, Produktivität oder auch Profitabilität (z.B. wenn es um Sales geht), beziehen.

Sehen wir uns ein praktisches Beispiel an:

Als Vision oder Zweck des Kundenservice für das Unternehmen wird eine „herausragende Kundenzufriedenheit definiert, mit der man sich vom Wettbewerb deutlich differenzieren will".

Eine Dimension, die es daher dauerhaft mit zu definierenden, mitunter wechselnden Maßnahmen zu bearbeiten gilt, ist die „Kundenzufriedenheit". Diese lässt sich wiederum mit Kennzahlen wie unter anderem dem NPS, dem transaktionalen NPS, einem Customer Effort Score oder Zufriedenheitsindizes der Kunden messen – einzeln oder in einer Scorecard mit mehreren Kriterien.

Sinnvoll ist es, die Dimension Kundenzufriedenheit in Zufriedenheitstreiber und auch Unzufriedenheitstreiber herunterzubrechen, um gezielt Stärken auszubauen und Schwächen zu beseitigen. Fokussierung ist dabei angesagt. Zeit, Geld und Geduld von Vorgesetzten gegenüber dem Kundenservice für die Umsetzung ist knapp. Da sollte man sich als Verantwortlicher genau überlegen, welche Treiber auf die gewählte Dimension wirklich einzahlen und was vielleicht weniger wichtig ist – auch wenn es noch so spannend oder interessant erscheint, egal ob es neue Technologien sind oder neue Kontaktkanäle, die man anbieten möchte. Dementsprechend gilt es, die richtigen Maßnahmen zielorientiert für eine (hoffentlich positive) Beeinflussung der identifizierten Treiber aufzusetzen.

Im dauerhaften Monitoring lässt sich die Wirkung der Maßnahmen auf die Treiber und damit die festgelegten Kennzahlen zur Messung der Dimension im Zeitverlauf beobachten. Je nach Wirkung lassen sich dann Maßnahmen intensivieren, abwählen oder verändern.

Das hört sich in der Theorie einfach an und ist es in der Praxis auch, wenn man es überlegt durchstrukturiert und dann gezielt umsetzt. Ein großer Vorteil ist, dass das gesamte Vorhaben mit Zielsetzung und Umsetzungsschritten für alle Beteiligten und Betroffenen im Unternehmen an Transparenz gewinnt. Jeder weiß dadurch, woran gearbeitet wird und wie sich Ergebnisse entwickeln.

Leider wird in der Praxis immer wieder kopflos agiert und Maßnahmen werden ohne klaren Zielfokus eingeleitet. Häufig wird dazu noch zwischen einzelnen Maßnahmen sprunghaft gewechselt. Das sorgt neben einem Nichterreichen der Ergebnisse auch für Orientierungslosigkeit in der eigenen Organisation und einem Gefühl der Planlosigkeit, was den Verantwortlichen dann zu Recht angelastet wird.

Der Jahresendspurt naht und die Pläne für 2022 werden erstellt. Vielleicht eine gute Gelegenheit für Sie, diesen Tipp und seinen Inhalt entsprechend zu berücksichtigen.

Henning Ahlert (Managing Director)

Tipp 398: Von geteiltem Wissen profitieren: Warum Datensilos vermieden werden sollten

Die Notwendigkeit, auf wesentliche Daten des Unternehmens zeitnah Zugriff zu haben, ist heute nicht mehr auf nur wenige datenauswertende Abteilungen beschränkt. Im optimalen Fall kann der Großteil des Unternehmens rasch und ohne unnötige Anfragen auf diese Daten zugreifen, sofern diese in Form eines Datawarehouse oder einer ähnlichen Lösung aufbereitet zur Verfügung stehen.

Spezielle Fragestellungen erfordern jedoch häufig im ersten Schritt einen Überblick über die Gesamtheit aller im Unternehmen von verschiedenen Abteilungen gesammelten Daten, um im nächsten Schritt die für die spezifische Frage geeignetsten Daten auszuwählen und auszuwerten. Hierzu müssen zunächst in Betracht kommende Daten von den einzelnen Abteilungen oder Arbeitseinheiten angefragt werden. Sobald der korrekte Ansprechpartner gefunden ist, beginnt häufig ein zeitintensives Frage- und Antwortspiel, um die gewünschten Daten zu erhalten. Nicht selten ist der Austausch mit der Abteilung, die Daten liefern soll, dabei so zeitintensiv, dass die ursprüngliche Frage bis zu ihrer vollständigen Beantwortung bereits an Relevanz verloren hat.

Diese Form von Datensilos ist noch immer eine große Herausforderung, besonders für schnell agierende Unternehmen. Ganze Projekte können ins Stocken geraten, weil bei den „Datengurus" eine lange Liste anderer Anfragen besteht, die zunächst abgearbeitet werden müssen. Schlimmer noch können Kollegen durch diesen langwierigen Prozess dermaßen abgeschreckt sein und einer Ahnung oder Idee aufgrund des unnötigen Zeitaufwands der Datenabfrage gar nicht erst weiter folgen. Die Gefahr besteht, dass potenziell innovative Ideen auf der Strecke bleiben.

Darüber hinaus bergen Datensilos die Gefahr, dass Daten unterschiedlicher Aktualität in verschiedenen Bereichen vorgehalten und gepflegt werden. Somit entstehen Inkonsistenzen und verschiedene Datenstände.

Dies macht es wiederum schwierig für Bearbeiter, die aktuellen Daten zu erhalten bzw. die Sicherheit zu haben, über den letzten Stand zu verfügen.

Machen Sie sich daher klar, welche Daten tatsächlich so sensibel sind, dass der Zugriff eingeschränkt werden muss. Alle Daten, die nicht unter diese Kategorie fallen, sollten – möglichst abnehmerfreundlich aufbereitet – möglichst vielen Arbeitseinheiten zugänglich gemacht werden. Hierbei ist auch zu überlegen, ob es für Abteilungen oder Arbeitseinheiten sinnvoll ist, selbst Know-how in der Datenauswertung vorzuhalten. Somit kann eine Arbeitseinheit selbst in die Lage versetzt werden, auch mit Rohdaten zu arbeiten. Gleichzeitig sparen Sie so bei den Datenspezialisten Anfragen ein und steigern hier die Effizienz. Der Einsatz von ERP Systemen bilden hier eine Möglichkeit, eine gemeinsame Datenbasis im Unternehmen zu halten und diese den verschiedenen Stellen zugänglich zu machen. Hierdurch vermeiden Sie zudem verschiedene Datenstände und haben eine unternehmensweit einheitliche Datengrundlage, auf welchen Entscheidungen gefällt werden können.

Dominikus Leicht (Junior Berater)

Tipp 399: Interkulturelle Herausforderungen und Chancen im Nearshore-Outsourcing von Contact Centern

Die allgemeine Globalisierung der Wirtschaft verlangt interkulturelle Kompetenz und stellt nicht zuletzt auch die Contact Center Branche vor neue Herausforderungen. So attraktiv die finanziellen Vorteile auch sind, sollten vor Auswahl des Outsourcing Partners die wesentlichen kulturellen Unterschiede genauestens geprüft werden.

Die Kultur umfasst Gewohnheiten, Regeln und Verhaltensweisen, deren Einflüsse und Pluralität den Erfolg im Nearshore wesentlich beeinflussen.

Folgende interkulturelle Kontraste gilt es vor der Zusammenarbeit zu klären:

Erfahren Sie mehr über länderspezifische Glaubensrichtungen und damit verbundene gesellschaftliche Konventionen.

Machen Sie sich mit der Relevanz des kulturellen Einflusses von Religion auf Arbeitszeiten vertraut. Klären Sie im Vorfeld, beispielsweise in Ländern muslimischen Glaubens, ob es feste Gebetszeiten für Angestellte innerhalb der Organisation gibt. Auch das muslimische Wochenende fällt in einigen Ländern auf Freitag und Samstag, wodurch an diesen Tagen gegebenenfalls weniger Volumen durch den Nearshore Dienstleister abgenommen wird.

Setzen Sie sich mit den wesentlichen Unterschieden innerhalb der Kommunikation auseinander.

Verzerrungen innerhalb der Kommunikation können dazu führen, dass Informationen vom Empfänger anders als vom Sender beabsichtigt wahrgenommen werden. Wesentlicher Bestandteil der interkulturellen Kommunikation ist das bewusste Auseinandersetzen mit folgenden drei Dimensionen.

- Unsicherheitsvermeidung: Inwiefern werden Ambivalenzen und Unklarheiten innerhalb des Unternehmens toleriert und inwiefern müssen Projektschritte stets nach einem vorgeschriebenen Schema klar kommuniziert werden?
- Bestimmtheit: Wie durchsetzungsorientiert wird innerhalb des Unternehmens kommuniziert? Was ist die kulturell adäquate Herangehensweise im Umgang mit Konflikten?
- Machtdistanz: Wie stark müssen bei der Kommunikation bestimmte hierarchische Positionen berücksichtigt werden? Führen Verhandlungspartner beispielsweise nur Anweisungen ihres Vorgesetzten aus?

Machen Sie sich bewusst, dass sich die Arbeitsweise in anderen Ländern in Teilen grundsätzlich von der Ihnen gewohnten Arbeitsweise unterscheiden wird.

Wir als Mitteleuropäer lieben es, einen Plan zu erstellen und diesen dann Schritt für Schritt in die Tat umzusetzen. Auf A folgt B, auf 1 folgt 2, und wenn wir diesen Plan stringent verfolgen, kann es nur bedingt zu kleineren Anpassungen aufgrund etwaiger Gegebenheiten kommen. Wer jedoch in typischen Nearshore Regionen gelebt und gearbeitet hat, merkt schnell, dass die Dinge hier zumeist anders laufen. Aus „auf A folgt B" wird gerne einmal ein Umweg über H, um dann schließlich bei D zu landen. Für Sie ist es demnach grundsätzlich wichtig, den Fokus auf das Ziel zu bewahren. Auch dann, wenn der Weg dorthin nicht wie ursprünglich geplant verläuft.

Fazit

Als mitteleuropäisches Unternehmen, das sich für das Outsourcen von Contact Center Leistungen in das Ausland entscheidet, müssen Sie sich im Klaren darüber sein, dass es einige wesentliche kulturelle Unterschiede mit teilweise sehr hohem Einfluss auf die gemeinsame Zusammenarbeit gibt.

Eine gute Vorbereitung sowie Expertise im Aufbau von Nearshore Dienstleistern sind unabdingbar und die Basis, um langfristig im Ausland

Fuß zu fassen. Wer die Chance nutzt und sich bewusst auf die Möglichkeiten einlässt, legt damit den Grundstein für eine unternehmerisch erfolgreiche Zusammenarbeit.

Aaron Schmidt (Junior Berater)

Tipp 400: Wissensmanagement im Customer-Service als Erfolgsfaktor

Warum Wissen in Service-Centern so wichtig ist

Stellen wir uns folgende Situation in einem Unternehmen vor: Das Service-Center eines Unternehmens ist im Umbruch. Neben einem externen Dienstleister sind auch intern zahlreiche neue Mitarbeiter eingestellt worden.

Man kämpft folglich mit verschiedenen Problemen: Neue Mitarbeiter benötigen sehr lange, um tatsächlich produktiv beraten zu können. Wenn ein Kunde zu einem Sachverhalt mit zwei Beratern telefoniert, ist es sehr wahrscheinlich, dass er von beiden unterschiedliche Hinweise erhält. Nicht, dass eine Lösung richtig und eine falsch wäre – manchmal führen ja gerade bei schwierigen Themen mehrere Wege zum Ziel. Dennoch ist es für die Kunden irritierend, mit unterschiedlichen Ratschlägen konfrontiert zu werden. Besonders unangenehm sind diese unterschiedlichen Informationen immer dann, wenn eine Fallbearbeitung von einem Agenten begonnen und von einem anderen fortgesetzt wird. Da diese in der Regel mit unterschiedlichen Vorgehensweisen arbeiten, verunsichert dies die Kunden.

In Fällen plötzlicher Änderungen, aber auch bei temporär kritischen Fragestellungen, wie z.B. bei Rechnungsstellungen, wird das Service-Center mit einer nicht zu bewältigten Flut von Anfragen über alle Kanäle konfrontiert. Da die Anzahl der Agenten sowieso begrenzt ist und neue Agenten so schnell nicht eingearbeitet werden können, führt die daraus resultierende schlechte Erreichbarkeit und langsame Abarbeitung der Anfragen zur Unzufriedenheit bei den Kunden.

Sicherlich können viele von Ihnen ein ähnliches Szenario beschreiben. Neben den spezifischen Problemen, die mit Strukturänderungen von Organisationen zusammenhängen, fällt hier auf, dass die einheitliche Verfügbarkeit von Wissen, Informationen und Daten ein wichtiges Element zur Realisierung einer hohen Servicequalität im Customer Service ist.

Was ist Wissensmanagement?

Hier greift das Prinzip des Wissensmanagement, also die systematische Vorgehensweise zur Sammlung, Dokumentation und einheitlichen Verfügbarkeit der im Unternehmen vorhandenen Wissenselemente. Dabei können diese Wissenselemente z.b. auf Datenträgern bereits verfügbar sein; vor allem aber das Wissen in den Köpfen der Mitarbeiter ist der Schatz, den jedes Unternehmen mit Wissensmanagement heben sollte.

„Wissen" ist die höchste Form der Darstellung von Sachverhalten (bestehend aus Prozessen, verbale Beschreibungen, Entscheidungsbäume, Werte und Zahlen, grafische Darstellungen, Datenblättern etc.).

Die Elemente und Arten des Wissens

Das Wissen in einer Organisation besteht aus einer Vielzahl von unterschiedlichen Informationsarten. Man unterscheidet grob zwischen explizitem und implizitem Wissen. Explizites Wissen ist eindeutig zu erfassen und zu dokumentieren. Beispiele dafür sind etwa Anleitungen, Beschreibungen, Darstellungen und Dokumentationen in verschiedenster Art und Weise.

Explizites Wissen ist sehr eindeutig und daher relativ leicht weiterzugeben. Größere Schwierigkeiten bereitet den Unternehmen der Umgang mit implizitem Wissen. Dieses besteht aus den Kenntnissen und Fähigkeiten, welche die Mitarbeiter selbst verinnerlicht haben und auf deren Basis viele Handlungsentscheidungen, z.B. im Umgang mit dem Kunden getroffen werden. Oftmals kann implizites Wissen gar nicht in eine Regel oder in eine verbindliche Vorgehensweise formuliert werden, da hier Entscheidungen von Mitarbeitern nicht nur auf Basis von Fakten getroffen werden, sondern auch intuitiv.

Es gibt Methoden, implizites zu explizitem Wissen zu transformieren. Doch das gelingt häufig nicht. Folgend sind die möglichen Gründe, warum die Transformation oft nicht gelingt und implizites Wissen auch implizit bleibt:

- Der jeweilige Mitarbeiter erachtet es nicht für notwendig, dieses Wissen weiterzugeben, weil er sich dessen nicht bewusst ist;
- Der Mitarbeiter erinnert sich an bestimmte Inhalte zum Zeitpunkt der Weitergabe/Dokumentation einfach nicht mehr;
- Der Mitarbeiter verschweigt bestimmte Inhalte bewusst und möchte sich vermeintlich unentbehrlich machen.

Damit ist leider oft der implizite Anteil des Wissens einer Organisation zunächst nicht erfassbar. Daran sollte man sich aber in einem frühen Stadium des Wissensmanagement nicht abarbeiten. Aus unserer Sicht ist es sinnvoller, sich auf praktische Themen zu konzentrieren. Alles Wissen (oder Information oder Daten), das dem Agenten hilft, die korrekten Aussagen zu liefern, ist nützlich. Ob nun ein Agent eine Excel-Tabelle, ein Blatt Papier oder eine umfangreiche Wissensdatenbank nutzt, ist zuerst einmal gleichgültig. Entscheidend ist, dass ihm die Information weiterhilft.

Das Wissensmanagement im Customer Service organisieren

Die zentrale Ablage von Wissen ist immer dann besonders wichtig, wenn man wie im Kundenservice konsistente Aussagen gegenüber dem Kunden sicherstellen muss. Es hat sich bewährt, Wissenselemente (z.B. Textbausteine und auch sonstige Lösungsdokumente), die zum selben Thema gehören, fachlich gemeinsam zu sammeln und pflegen. Nur so kann eine inkonsistente Beantwortung der Kundenanfragen verhindert werden.

Vielen Unternehmen fällt jedoch die strukturierte Sammlung des Wissens schwer. Die Mengen der vorhandenen, hinzukommenden und anzupassenden Informationen sind hoch. Die Informationsarten wirksam und systematisch zu erfassen ist zunächst aufwendig. Häufig kapitulieren die Organisationen mittelfristig und bekommen das nachhaltige Management nicht in den Griff. Viele Projekte im Wissensmanagement scheitern daher mittelfristig.

Daher raten wir hier zu einem geplantem, aber pragmatischem Vorgehen, damit Projekte im Bereich Wissensmanagement nicht schon im frühen Stadium „hängen bleiben". Indem man sich über einen längeren Zeitraum stufenweise einer vollständigen Wissensbasis annähert, überfordert man die Organisation nicht und hält die Aufwendungen in Grenzen. Eine Wissenssammlung wird allerdings erst dann zum Erfolg, wenn die Wissensanwendung kontinuierlich verbessert wird.

Die drei Dimensionen des Wissensmanagement

Wissensmanagement wirkt sich auf folgende Bereiche aus und muss in denselben Berücksichtigung finden:

- Zum einen in der Organisation: Diese betrifft die Ablauf- und die Aufbauorganisation. Das heißt, in der Gestaltung von Abläufen und der Organisation als solcher spielt es eine wichtige Rolle, ob es einfach möglich ist, Wissen mitzuteilen und wieder zu verwenden.
- Ein zweiter wichtiger Punkt ist die Integration der Menschen: Es ist entscheidend, die Menschen für das Teilen und den Erwerb von Wissen zu motivieren. Jedenfalls muss die Zusammenarbeit funktionieren, sonst kann Wissensmanagement in Organisationen nicht erfolgreich sein.
- Technologie ist sicherlich der dritte wesentliche Punkt im Bereich Wissensmanagement. Technologien wie beispielsweise Wissensdatenbanken oder auch Kommunikations- und Kollaborationswerkzeuge können sehr nützlich darin sein, die Ziele des Wissensmanagements besser zu erreichen.

Die drei Säulen des Wissensmanagements, also Menschen, Organisation und Technik können nicht funktionieren, wenn die Kultur nicht die notwendigen Voraussetzungen bietet. Legt beispielsweise die Kultur des Unternehmens dem Mitarbeiter nahe, dass er und sein Wissen nicht geschätzt werden, sondern dass er nur als Kostenfaktor verstanden wird, dann kann Wissensmanagement nicht erfolgreich sein.

Ein erfolgreiches Wissensmanagement ist nicht abhängig von einem System, sondern von der Systematik. Es kommt darauf an, das

Wissensmanagement in die Kundenservice-Organisation als zentralen Bestandteil einzubinden.

Die Kultur des Teilens

Innerhalb der Customer-Service-Abteilung ist es nicht für alle Mitarbeiter selbstverständlich, das eigene erworbene Wissen zu teilen. Der Umgang mit den verschiedenen Kundenanfragen, der Umgang mit einem bestimmten Prozess, das Verhalten im Falle einer emotionalen Kundenbeschwerde am Telefon oft als „eigenes Wissen" geschützt mit der Intention, unentbehrlich für den Arbeitgeber zu bleiben. Dem kann man nur entgegenwirken, indem von den Führungskräften eine entsprechende „Kultur des Teilens" vorgelebt wird, das heißt man teilt das Wissen aktiv, kommuniziert und fordert auf, es gleichzutun. Grundsätzlich sollte dabei gelten: Jeder im Unternehmen darf jegliches dokumentiertes Wissen sehen und lesen.

Die Einführung des Wissensmanagement

Die Implementierung eines Wissensmanagement im Customer-Center ist von folgenden wichtigen Phasen geprägt:

Phase 1: Vorbereitung

- Personelle Verankerung – Beteiligte suchen und Organisation und Rollen definieren
- Projektbeteiligte schulen und vorbereiten
- Kultur des „Teilens von Wissen" definieren, vorleben und kommunizieren

Phase 2: Struktur schaffen

- Ziele für die Strukturierung des vorhandenen Wissens definieren
- Messbarkeit der Ziele sicherstellen
- Bewusstsein schaffen für die Unterschiedlichkeit von Wissensarten
- Bestandsaufnahme des bereits vorhandenen (dokumentierten) Wissen

Phase 3: Durchführung

- Wissensstruktur anlegen (z.b. Dateisystem, Software etc.)
- Vorhandenes bereits dokumentiertes Wissen in eine Basis einpflegen
- Entlang der Prozesse im Customer-Center das explizite Wissen vervollständigen
- Iterativ durch alle Themen und Bereiche die Wissensbasis nach und nach erweitern
- Nach erstmaliger Erfassung des Wissens laufende Pflege sicherstellen (Motto: Pflege und Aktualität vor zusätzlichem Wissen!)

Der Einsatz von Software

In unserer Beratungspraxis treffen wir auf die verschiedensten Formen des softwaregestützten Wissensmanagement. Da ist alles vorhanden – von der unstrukturierten Dokumentensammlung bei jedem Mitarbeiter auf dem persönlichen Laufwerk bis hin zur zentralen Ablage in einem unternehmensweiten administrierten und gepflegten Knowledge-Management-System.

Bei den Anbietern von Wissensmanagement-Systemen trifft man auf ein breites Angebot mit den verschiedensten Schwerpunkten und Ausprägungen. Eine vollständige Darstellung dieses wachsenden Marktes sprengt den Rahmen dieser kurzen Einführung. In Orientierung an einem der führenden Anbieter auf diesem Gebiet möchte ich jedoch nachfolgend darstellen, welche Handlungsfelder, Bausteine und Komponenten ein Knowledge Management-System tangiert:

Definition von Rollen und Rechten, z.B.:

- Anwender
- Workflowbeteiligte
- Chef-Redakteure
- Redakteure
- Co-Redakteure

- Wissensmanager
- Übergeordnete Wissensmanager
- Technische Admins
- User-Gruppen
- Organisationseinheiten

Ordnung und Struktur

- Definition der Wissensarten
- Festlegung Zielsystem
- Kategorie Struktur
- Ordnungskriterien (z.B. Standorte, Produktgruppen, Organisations-Einheiten)

Mandantenfähigkeit

- Anwendungsbereiche
- Suchprofile
- Oberflächen

Freigabesysteme

- Workflows
- Personengruppen
- Marktfreigabe
- Übersetzungen
- Nachrichtenfunktionen

Kollaboration: Wissenskultur

- Informationsflüsse
- Service-Level für abzuarbeitende Aufgaben
- Reporting
- Pflege und versionsgesteuerte Aktualisierung

Kanäle

- Applikation für den Service
- Unterstützung für Vorgänge

- SelfService für Kunden
- App-Anbindung
- Website-Anbindung
- Vernetztes Portal

Das Fazit

Das Wissen eines Unternehmens – oder auch das Wissen der Mitarbeiter des Unternehmens – ist mindestens genauso wertvoll wie Gebäude, Maschinen, Fahrzeuge, Hard- und Software oder sonstiges Anlagevermögen. Im Dienstleistungssektor ist es meistens DER wichtigste Faktor für den heutigen und zukünftigen Erfolg, denn z.b. die Dienstleistungen in einem Service-Center werden für den Kunden umso hochwertiger, je mehr diese auf Basis von Erfahrung und Wissen ausgeführt werden.

Findet kein nachhaltiges Wissensmanagement statt, dann ergeben sich große Nachteile für ein Unternehmen. Im Zuge von Strukturänderungen, Outsourcing oder ähnlichem werden dann die Mängel besonders deutlich, denn häufig ist der Großteil des Wissens bezüglich der Erbringung der Dienstleistung nur in den Köpfen der Mitarbeiter. Sobald eine oder mehrere Schlüsselpersonen ausscheiden, geht Wissen verloren und muss teuer und mühsam neu generiert werden. Bei zunehmenden Mitarbeitermangel ist es außerdem sehr wichtig, die besten Arbeitsbedingungen für eine erfolgreiche und befriedigende Arbeit im Service zu bieten. Denn Mitarbeiter fühlen sich vor allem dort wohl, wo sie richtig und vollständig beraten können und damit einen guten Job machen.

So wird das Managen von Wissen immer mehr zu einer noch wichtigeren Komponente. Es geht um die Bereitstellung des relevanten Wissens für die Organisation und den Kunden in allen Kanälen, und zwar einheitlich. Erst die zentrale Ablage der Vereinbarungen, Richtlinien und Handlungsanweisungen sichert Relevanz, Vollständigkeit, Aktualität und nachhaltige Sicherung für das Unternehmen.

Michael Fürst (Berater)

Tipp 401: Gelernte Lektionen, die Do's und Don'ts bei Online-Meetings

Wahrscheinlich verbringen Sie einen Großteil Ihrer Zeit mit Zoom, Google Meet, GoToMeeting, Skype (for Business) und anderen Plattformen, die Videoanrufe ermöglichen. Diese Remote-Videoanrufe sind in einer Zeit, in der wir nicht mehr von Angesicht zu Angesicht zusammenarbeiten können, geschäftsentscheidend und haben ihre eigenen Herausforderungen. Auch wenn es mittlerweile akzeptiert ist, bei Videoanrufen ein wenig legerer zu sein, sollten Sie nicht vergessen, dass es sich immer noch um Arbeit handelt.

Pünktlich sein

Respektieren Sie die Zeit der anderen, indem Sie zur vereinbarten Zeit online sind. Mitten in einer laufenden Besprechung aufzutauchen, lenkt ab. Dies kann auch wertvolle Zeit in Anspruch nehmen, wenn der Gastgeber beschließt, Ihnen mitzuteilen, was Sie verpasst haben.

Angemessene Kleidung

Tragen Sie angemessene Kleidung für jedes Meeting. Möglicherweise müssen Sie Business-Casual- oder formale Kleidung anziehen, wenn Sie sich mit Kunden treffen. Einer der unausgesprochenen Vorteile der Telearbeit besteht darin, dass Sie technisch gesehen nicht aus Ihrer Jogginghose herausmüssen. Aber wenn Sie Videogespräche führen, können Ihre Kollegen oder Kunden Sie zumindest von der Taille aufwärts sehen. Bleiben Sie in Ihrer Jogginghose, wenn es sein muss, aber ziehen Sie sich darüber normale Arbeitskleidung an, um die Professionalität zu wahren, die jeder erwartet. Am einfachsten ist es, dies gleich morgens zu tun – auch wenn Sie keine Anrufe geplant haben -, denn man weiß nie, wann man gebeten wird, einen Anruf zu tätigen.

Ein aufgeräumter Hintergrund

Ein unruhiger oder unordentlicher Hintergrund lenkt nicht nur ab, sondern gibt den Leuten auch einen Einblick in Ihre Gewohnheiten und Ihre organisatorischen Fähigkeiten. Bemühen Sie sich um einen sauberen und einfachen Hintergrund oder nutzen Sie die Funktion des virtuellen Hintergrunds, falls die von Ihnen verwendete Plattform dies anbietet.

Optimieren der Einrichtung

Richten Sie sich in einem gut beleuchteten Bereich ein, in dem das Netzsignal stark ist. Achten Sie darauf, dass es sich um einen Bereich des Hauses handelt, der frei von Ablenkungen und Lärm ist. Ihr Notizblock, Ihr Stift sowie Berichte und andere Büromaterialien sollten in Ihrer Reichweite sein.

Wählen Sie die richtige Technologie

Die effektivsten Videokonferenzen sind minimalistisch. Die Teilnehmer möchten nicht zu viel Zeit mit dem Einrichten von Kameras und Mikrofonen, dem Herunterladen von Software oder dem Laden von PowerPoint-Präsentationen verbringen, da dies den Grund untergräbt, warum die Menschen virtuelle Meetings bevorzugen: Sie sind weniger kostspielig und produktiver. Achten Sie darauf, ein zuverlässiges und professionelles System zu wählen. Wenn Sie die Sitzung koordinieren, sollten Sie das Mikrofon und das Video vorher testen. Alle Videokonferenzsysteme verfügen über eine entsprechende Funktion, so dass Sie dies vor Beginn der Sitzung tun sollten. Versenden Sie Präsentationen und Tagesordnungen im Voraus, damit die Teilnehmer sie zu Beginn der Sitzung parat haben.

Zappeln Sie nicht herum

Sehen und Hören sind die beiden wichtigsten Signale bei einem Videogespräch. Wenn Sie herumzappeln, lenken Sie die anderen Gesprächsteilnehmer ab, selbst wenn Ihr Mikrofon stumm geschaltet ist. Genauso wie Sie bei einer Besprechung im Büro sitzen (oder stehen) und sich konzentrieren, sollten Sie sich das auch bei Videokonferenzen angewöhnen. Ganz zu schweigen davon, dass Zappeln ein Zeichen für mangelndes Vertrauen ist. Um Professionalität auszustrahlen und das Vertrauen Ihrer Teammitglieder zu stärken, sollten Sie das Zappeln auf ein Minimum reduzieren und sich auf die Aktualisierungen der einzelnen Sprecher konzentrieren.

Stellen Sie sich vor, bevor Sie mit dem Gespräch beginnen

Wenn Sie nicht mit allen Gesprächsteilnehmern vertraut sind, sollten Sie sich zu Beginn des Gesprächs vorstellen. Das hilft dabei, den Namen Gesichtern zuzuordnen. Wenn Sie an einem Gespräch ohne Video teilnehmen, müssen Sie sich noch häufiger vorstellen. Nicht jeder wird Sie nur an Ihrer Stimme erkennen, daher ist es gut, wenn Sie etwas sagen wie: „Hier ist Peter. Wenn ich hinzufügen darf..."

Lassen Sie nicht alle Fenster und Programme geöffnet

Schalten Sie E-Mails und Instant Messenger aus, bevor das virtuelle Meeting beginnt. Das hat nicht nur Einfluss darauf, wie schnell Ihr Computer läuft und wie gut die Tonqualität ist, sondern erspart Ihnen auch Peinlichkeiten, wenn Sie den Bildschirm mit jemandem teilen. Lassen Sie nur das geöffnet, was Sie für die Besprechung benötigen – Notizen, Dokumente oder eine Präsentation.

Widerstehen Sie dem Drang zum Multitasking

Videobesprechungen (wie alle Besprechungen) sind nicht der richtige Zeitpunkt, um E-Mails zu lesen, durch die Nachrichten in den sozialen Medien zu scrollen oder andere Aufgaben zu erledigen, die nicht mit der Besprechung zu tun haben, an der Sie gerade teilnehmen. Es kann schwieriger sein, sich während eines virtuellen Meetings zu konzentrieren, aber es ist sogar noch wichtiger, weil es schwieriger ist, den Raum darüber zu informieren, was wichtig ist, wann Ihre Meinung gefragt ist und so weiter. Die anderen Teilnehmer der Besprechung können sehen und spüren, dass Sie abgeschaltet haben, und das kann sich auch auf ihr Engagement auswirken.

Sprechen Sie deutlich und geben Sie Informationen ein

Sie sollten deutlich und hörbar sprechen, wenn Sie an der Reihe sind. Sie können zunächst fragen, ob das Team Sie hören kann und überprüfen, ob Ihr Mikrofon einwandfrei funktioniert. Wenn Sie Informationen weitergeben, die einen Weblink oder Informationen aus dem Internet enthalten, können Sie diese auch in das Chat- oder Gesprächsfeld eingeben, damit

Ihre Teamkollegen den richtigen Link leicht abrufen und besuchen können. Vergewissern Sie sich, dass Ihre Botschaft klar ist und von allen Teilnehmern der Besprechung verstanden wird, und fassen Sie Ihre wichtigsten Punkte am Ende Ihrer Rede zusammen.

Seien Sie anwesend

Stellen Sie sich vor und grüßen Sie, wenn Sie die Besprechung betreten, vor allem, wenn es sich um ein Telefongespräch handelt. Hören Sie zu, beteiligen Sie sich und bleiben Sie engagiert. Schauen Sie auf die Webcam, nicht auf sich selbst. Es ist auch sehr ablenkend, wenn Ihr Blick abschweift oder Sie ständig mit jemandem sprechen, der sich nicht in Reichweite Ihrer Videokamera befindet. Es kann verlockend sein, während einer langen Besprechung andere Dinge zu tun, aber es ist das Beste, sich zu konzentrieren. Checken Sie nicht Ihre E-Mails und tippen Sie keine Antworten ein – Ihre Tastatur befindet sich in der Nähe des internen Mikrofons Ihres Laptops. Man wird Sie tippen hören.

Schalten Sie sich stumm oder minimieren Sie Ihre Hintergrundgeräusche

Es ist eine gute Angewohnheit, sich stumm zu schalten, wenn Sie nicht sprechen, damit die anderen Teilnehmer keine Hintergrundgeräusche in Ihrem Raum hören müssen. Zu den Hintergrundgeräuschen gehören z. B. die Geräusche, die Sie beim Tippen machen, das Schreien Ihres Kindes im Nebenzimmer, das Heulen einer Sirene auf der Straße oder andere Ablenkungen. Wenn Sie nur sporadisch sprechen, machen Sie sich mit der Stummschalttaste vertraut und verwenden Sie sie immer dann, wenn jemand anderes das Sagen hat. Wenn Sie die meiste Zeit des Gesprächs sprechen müssen und die Stummschaltung nicht so sinnvoll ist, tun Sie Ihren Teil, um Hintergrundgeräusche zu beseitigen, bevor das Gespräch beginnt.

Verlassen Sie sich nicht auf die Körpersprache, um Ihren Standpunkt zu verdeutlichen

Für alle „Ich spreche mit meinen Händen"-Leute da draußen: Ja, Sie können immer noch Gesten und andere körpersprachliche Hinweise verwenden, um Ihre Botschaft zu verstärken, aber diese Bewegungen sind bei einem Videoanruf ablenkender als bei einem persönlichen Gespräch. Versuchen Sie Ihre Bewegungen so gering wie möglich zu halten, und verwenden Sie keine körpersprachlichen Mittel oder Gesten, um eine Aussage zu machen, die Sie nicht verbal machen. Wenn Sie z. B. auf ein Diagramm hinter Ihnen zeigen, sollten Sie verbal erklären, auf welches Diagramm Sie zeigen. Sie können nicht davon ausgehen, dass alle Augen auf den Bildschirm gerichtet sind. Erklären Sie daher noch einmal in Worten, wenn Sie eine Geste machen, die besonders wichtig ist.

Ein Video Anruf ist nichts, vor dem man sich fürchten muss. Behandeln Sie jeden Call wie eine Besprechung im Büro und Sie sind startklar.

PROTIPP: Das Licht neben der Webcam zeigt nicht nur an, dass die Kamera eingeschaltet ist, sondern ist auch der Punkt, auf den Sie beim Sprechen schauen. Der Blick auf das Licht ist so, als würden Sie den Zuschauern direkt in die Augen schauen.

Rogier Bosch (Berater)

Tipp 402: Planung und Forecast im Customer Service

Eine der vielgestellten Fragen in jedem Customer Service: *„Ich habe da eine Frage zu meiner Rechnung"* ist oft der Gedanke der Kunden dazu bewegt, einen für sich passenden Kanal zu finden, um den Kundenservice zu kontaktieren. Jetzt müsste da nur noch am anderen Ende ein kompetenter Mitarbeiter sitzen, der diese Frage beantworten kann. Hoffentlich ist der nicht gerade im Urlaub, krank oder mit der Bearbeitung von Tickets, eMails oder Chat-Nachrichten beschäftigt. Bei einer guten Planung wird der Kunde Erfolg haben und genau den richtigen Mitarbeiter ans andere Ende der Leitung bekommen.

Wie sollte eine gute Planung aufgebaut sein?

Eine Grundlage für einen soliden Einsatzplan sind historische Daten aus allen bisher bedienten Kontaktkanälen. Dabei sollten Sie aber nicht nur den Kundenservice betrachten, sondern die gesamte Geschäftsentwicklung der letzten Jahre. Umso mehr Daten zur Verfügung stehen, desto genauer können Sie für das folgende Geschäftsjahr, die Monate, Wochen, Tage und Stunden vorausplanen.

Ein wichtiger Bestandteil historischer Daten ist die Entwicklung des Kundenstammes. Wie viele Neukunden haben Sie in den letzten Jahren hinzugewonnen? Wie oft kontaktiert Sie ein Neukunde in den ersten Monaten auf welchen Kanälen? Wie häufig wird Ihr Service von Bestandskunden kontaktiert?

Bei der Analyse dieser Daten ist es wichtig Trends, die durch Automatisierung, Innovation bei neuen Produkten, aber auch durch bereits erkannte Prozessfehler ausgelöst wurden, zu erkennen und entsprechend für die Planung zu bewerten. Wichtige Events, wie zum Beispiel Produktreleases, Feiertage, Ferienzeiten, müssen ebenfalls berücksichtigt werden. Auf dieser Basis ist es möglich, einen ersten Plan für den Service-Bedarf zu erstellen.

Für die weitere Planung ist es jetzt wichtig, für den Planungszeitraum die zu erwartende Geschäftsentwicklung einzubeziehen. Da der Customer

Service viele Optimierungspotenziale aufzeigt, müssen die getätigten Veränderungen bei der Berechnung der zu erwartenden Kundenkontakte im Service mit ihren positiven wie auch negativen Auswirkungen berücksichtigt werden. Genau wie im Service plant der Vertrieb sein Neukundenwachstum für das Geschäftsjahr. Diese Information, gepaart mit den Erfahrungen aus den historischen Daten, zeigen den zu erwartenden Einfluss für den Customer Service auf.

Wichtig ist hier: Je mehr Daten und je mehr Informationen, desto genauer können Sie das zu erwartende Kontaktvolumen berechnen.

Der erste Schritt in der Planung ist ein strategischer Forecast. Dieser Forecast enthält zu erwartende Kontakte je nach möglicher Granularität auf Monats- oder Wochenbasis und ermöglicht eine langfristige Personalbedarfsplanung meist für ein Geschäftsjahr. So können zusätzliche Mitarbeiter rechtzeitig rekrutiert und ausgebildet werden, während in Zeiten mit geringerem Personalbedarf gezielt Trainings und Urlaube geplant und vergeben werden können.

Der nächste Forecast wird als taktischer Forecast bezeichnet und bildet die kommenden Quartale ab. In der Granularität werden bei diesem Forecast die Kundenkontakte auf Wochen- und Tages-basis geplant. Genau wie beim folgenden operativen Forecast werden im laufenden Jahr die Erkenntnisse und den Service beeinflussende Ankündigungen aus anderen Bereichen bei der Erstellung berücksichtigt. Im letzten Planungsschritt wird ein operativer Forecast erstellt. Der operative Forecast kann, je nach Datenverfügbarkeit, bis auf 15 Minuten-Intervalle geplant werden. Diese Vorhersage ist die Basis für die genaue Einsatzplanung der Mitarbeiter und wird rollierend fortgeführt. Alle Ereignisse aus der näheren Vergangenheit können mit ihren Auswirkungen auf den Kundenservice in diesem Forecast kurzfristig berücksichtigt werden.

Ein neues Produkt ist vielleicht doch serviceintensiver als vermutet, die neue Abrechnung ist für viele Kunden nicht so verständlich wie angekündigt oder das „Sommerloch" zeigt sich im Juni schon größer als erwartet.

Jetzt gilt es, anhand dieser Zahlen die richtigen Mitarbeiter zur richtigen Zeit einzusetzen. Auch hier ist es möglich, sich auf historische Daten zu verlassen. In kleineren Teams wird die Planung aber auch oft noch vom Teamleiter selbst vorgenommen und hier kann der Faktor „Mensch" zusätzlich berücksichtigt werden, denn Menschen arbeiten mit unterschiedlichen Geschwindigkeiten. Neue Kollegen sind mit dem CRM-System noch nicht so vertraut und benötigen daher etwas länger. Ein langjähriger Mitarbeiter ist da sehr viel schneller, muss er dem Kunden aber ein neues Produkt erklären, fällt ihm das möglicherweise schwer. Dieses Wissen über Ihre Mitarbeiter kann Ihnen bei der Einsatzplanung helfen und Über- und Unterdeckungen in der Tagesplanung ausgleichen. Denn bei diesem Planungsschritt ist die Produktivität und Effizienz jedes einzelnen Mitarbeiters wichtig.

Ein Beispiel für eine fehlerhafte Planung habe ich so erlebt:

An einem Samstag konnte der Servicebereich eines Telekommunikationsanbieters nur 60 Prozent der telefonischen Kundenanfragen annehmen, obwohl laut Planung deutlich mehr Mitarbeiter eingesetzt waren als notwendig. Bei der Analyse konnten wir sehr schnell feststellen, dass 70 Prozent der an dem Samstag eingesetzten Mitarbeiter vor wenigen Tagen die Initialschulung abgeschlossen hatten. Diesen Mitarbeitern fehlte natürlich noch die nötige Routine und ihre Bearbeitungszeiten waren deutlich höher. Dieser Faktor wurde jedoch bei der Planung nicht berücksichtigt. Die durchschnittliche Bearbeitungszeit und die Produktivität spielt also bei der Einsatzplanung eine entscheidende Rolle.

Fazit: Eine intelligente Planung ist im Kundenservice wichtig und somit auch die Grundlage für eine hohe Kundenzufriedenheit. Gute Erreichbarkeit ist der erste Schritt zu einem positiven Kundenerlebnis, zu Loyalität und zu weiterer Kaufbereitschaft.

Andreas Mai (Berater)

Tipp 403: Conversational Design – Sprechen Sie Bot?
Teil 4: Fehlertypen 1/2

Im heutigen Tipp der Woche möchte ich Ihnen die Fehlertypen bei (Voice) Bot-Dialogen vorstellen und erläutern, wie wir bzw. der Bot im Conversational Design am besten damit umgeht.

Grundsätzlich unterscheiden wir im Conversational Design vier Fehlertypen:

1. No Input – „Ich kann Dich nicht verstehen"
2. No Match – „Ich habe nicht verstanden, was Du meinst"
3. Misrecognition – „Ich habe etwas falsch verstanden"
4. Task Failure – „Ich kann Dein Anliegen nicht lösen, obwohl ich es verstanden habe"

Bei den Fehlertypen habe ich hier bewusst die o.a. Anglizismen gewählt, da diese Begriffe 1:1 auch im Coding bzw. Programmierung bei der Erstellung der Dialoge in den jeweiligen Conversational Design Flow Tools Anwendung finden.

Betrachten wir nun die unterschiedlichen Fehlertypen individuell und starten mit „No Input"

1. Fehlertyp: No Input

Beschreibung: Nach einem Prompt erhält ein Bot keine Reaktion oder Antwort aus Kundenseite .

Mögliche Ursachen (Voice & Chat):

- Optionen, die vom Bot genannt werden, sind aus Nutzer*innen Sicht nicht relevant z.b. er findet sein Anliegen nicht aufgeführt
- Der/Die Nutzer*in überlegt noch und benötigt bei seiner Entscheidung noch Zeit
- Der/Die Nutzer*in versteht den Prompt des Bot inhaltlich oder sprachlich nicht oder ggf. stören Hintergrundgeräusche auf Kundenseite das Verständnis

- Der/Die Nutzer*in ist durch etwas abgelenkt (anderer Chat, Emails, Telefonat....etc.)
- Der/Die Nutzer*in spricht zu leise und Nebengeräusche überlagern seine Stimme, so dass der Bot die Antwort nicht identifizieren kann
- Der/Die Nutzer*in will den Dialog beenden, interessiert sich im Augenblick nicht mehr dafür, oder will zu einem späteren Zeitpunkt das Gespräch fortsetzen

Empfehlung (Voice)

- Nach fünf bis acht Sekunden ohne Reaktion wird einem User der gleiche Prompt umformuliert und mit mehr Details angereichert ausgespielt. Die gleiche Frage oder den Prompt 1:1 zu wiederholen hat wie in Beispiel 1 allerdings eine sehr geringe Erfolgswahrscheinlichkeit.

Beispiel 1 (Wiederholung des gleichen Voice-Promts):

Bot: „Hallo, ich bin XXX, Deine virtuelle Assistenz. Wie kann ich Dir heute weiterhelfen?"

User: „..."

Bot: „Wie kann ich Dir heute weiterhelfen?"

User: „..."

Bot: „Wie kann ich Dir heute weiterhelfen?"

User: „..."

Beispiel 2 (mit Umformulierungen und Erweiterungen)

Bot: „Hallo, ich bin XXX, Deine virtuelle Assistenz. Wie kann ich Dir heute weiterhelfen?"

User: „..."

Bot (nach fünf Sekunden): „Entschuldige bitte, ich habe Dich nicht verstanden. Ich kann Dir gerne den Status oder weitere Details zu Deiner bestehenden Bestellung geben?"

User: „..."

Bot (nach sieben Sekunden): „Du kannst über mich weitere Informationen zu Deiner Bestellung erhalten oder eine neue Bestellung aufgeben. Ist das für Dich von Interesse, oder benötigst Du vielleicht etwas anderes?"

User: „..."

Bot (nach fünf Sekunden): „Ich kann Dein Anliegen leider nicht aufnehmen. Bitte versuche es zu einem späteren Zeitpunkt erneut oder nutze alternativ unseren Chat."

Nach spätestens drei Prompts (nach einer Begrüßung) ohne Reaktion des/der Kunden*in sollte dann der Dialog seitens des Bots wie o.a. beendet werden.

Empfehlung (Chat)

Bei Chat sollte eine deutlich höhere Wartezeit als bei Voice angesetzt werden, allerdings sollte hier nach spätestens 60-90 Sekunden auch der nächste Prompt kommen. Zudem können bei Chat auch Emojis genutzt werden, die betonen, dass man auf eine Rückmeldung des Kunden wartet.

Beispiel 3:

Bot: „Vielen Dank für Dein Interesse an einer Hausboot Anmietung in Südfrankreich. Kannst Du mir mitteilen, wie viele Teilnehmer an dem Trip teilnehmen, so dass ich unser Angebot nach verfügbaren Hausbooten in der jeweiligen Kategorie prüfen kann?"

Bot (nach 60 Sekunden): „<Wartendes Smiley mit Zwinker>"

Bot (nach weiteren 60 Sekunden): „Bist Du noch an einer Hausboot Anmietung interessiert, oder kann ich Dir bei einer anderen Frage weiterhelfen?"

Bot (nach weiteren 60 Sekunden): „<Sorry-Smiley> „Es tut mir leid, aber ich kann ohne weitere Information Dein Anliegen nicht bearbeiten. Gerne kannst Du es zu einem anderen Zeitpunkt versuchen oder alternativ unsere Hotline unter 030-12345678 in der Zeit von 10-18h erreichen. Vielen Dank. "

Tipp Nummer 1:

Setzen Sie klare zeitliche Leitplanken im Hinblick auf die Wartezeit des Bots nach nicht erfolgtem Prompt eines Kunden. Formulieren Sie die Frage um und erweitern Sie das Spektrum, um dem Nutzer neue Einstiegspunkte in den Chat zu liefern. Arbeiten Sie im Chat gerne mit Emojis oder anderen Hilfsmitteln, um den Chat etwas aufzulockern und bieten Sie beim Abschlussprompt immer Alternativen für weitere Kontaktmöglichkeiten.

2. Fehlertyp „No Match"

Beschreibung: Die Aussagen der Nutzer:in werden vom Bot sprachlich z.B. Fremdwörter oder Dialekt, akustisch durch Hintergrundgeräusche oder das Sprechen durch eine Maske oder die Nutzung von Fremdwörtern oder Wörtern die in der Bot-Linguistik nicht hinterlegt sind, beeinträchtigt.

Mögliche Ursachen (Voice & Chat):

- Der/Die Nutzer:in ist der jeweiligen Sprache nicht mächtig oder spricht mit einem starken Dialekt
- Der/Die Nutzer:in spricht parallel mit anderen Menschen in seiner Umgebung
- Starke Hintergrundgeräusche insbesondere durch andere parallel sprechende Menschen oder einem eingeschalteten TV-Gerät mit hoher Lautstärke
- Der/Die Nutzer:in ist stark erkältet, oder seine Sprache wird durch eine Maske beeinträchtigt

- Bei Chat insbesondere: Typos, falsche Grammatik oder Rechtschreibfehler, oder das Schreiben in einer anderen Sprache, welche beim Bot nicht hinterlegt ist
- Bei Chat: Katze oder Hund haben sich auf die Tastatur gesetzt

Empfehlung (Voice)

Sobald ein „No Match" identifiziert wurde, sollte ein/e Kunde/in im ersten Schritt hierauf freundlich hingewiesen werden. Sollten hiernach die nächsten beiden User-Prompts ebenso nicht erkannt werden, wird auch hier empfohlen, den Dialog zu beenden und den Kunden auf alternative Kontaktmöglichkeiten hinzuweisen.

Beispiel 4 (Voice):

User: „Hallo ich bin xxx, die virtuelle Assistenz von junokai. Wie kann ich Ihnen weiterhelfen?"

User: „Parlez vous français?"

Bot: „Entschuldigung, ich habe Sie leider nicht verstanden. Ich kann Ihnen gerne bei Fragen rund um Kundenservice weiterhelfen oder direkt einen Termin mit einem unserer Berater vereinbaren."

User: „Excuse-moi – Speak English?"

User: „Leider habe ich Ihre Anfrage immer noch nicht verstehen können. Kann ich Sie alternativ mit unserem Büro weiter verbinden?"

User: „Pardon, je ne sais pas l'allemand"

User: „Es tut mir leid, ich kann Sie leider nicht verstehen. Bitte bleiben Sie einen Moment dran – ich verbinde Sie mit unserem Büro"

An diesem Beispiel sieht man, dass Fremdsprachen bei Bots je nach Einsatzgebiet eine Wahrscheinlichkeit und damit sinnvolle Überlegung bei der Konzeption sind. Und auch wenn nicht alle Dialoge in die neue Sprache übersetzt werden müssen (viele Conversational Design Tools haben hierfür sogar relativ gute Module für die am häufigsten genutzten Fremdsprachen) kann man über die Linguistik nur bestimmte Worte oder Eigenarten der Fremdsprache in diese Kategorien hinterlegen und – bei Erkennung der jeweiligen Sprache – einfache aber eindeutige Prompts formulieren.

Beispiel 5 (Voice):

User: „Hallo ich bin xxx, die virtuelle Assistenz von junokai. Wie kann ich Ihnen weiterhelfen?"

User: „Do you speak English?"

Bot: „I am sorry, but my English skills are very limited. Instead I would like to transfer you to our office, so that you can speak with one of our English-speaking consultants. If you agree, please hold the line and we will be right with you."

Anders verhält es sich bei akustischen Problemen (Hintergrundgeräuschen, Dialekt, Schlechte Audioverbindung…etc.). Hier empfiehlt es sich, 2 Optionen zu wählen.

Beispiel 6 (Voice) mit Weiterleitungsoption:

Bot: „Hallo ich bin xxx und kann Dir zu allem rund um Deinen Mobilfunkvertag weiterhelfen. Was kann ich für Dich tun?"

User: „….Vertrag……zu viel…….Kündi….Ge…."

Bot: „Entschuldigung, ich habe Dich leider nicht verstanden. Kannst Du Dein Anliegen bitte wiederholen?"

User: „Mein Handy….Dat….gest…kün"

Bot: „Verzeihung ich habe Schwierigkeiten Dich zu verstehen. Möchtest Du mit einem Mitarbeiter verbunden werden, dann sag bitte laut ‚JA' oder drücke die Taste ‚1'"

User: „Ja! 1,1,1,1,1,1.."

Beispiel 7 (Voice) ohne Weiterleitungsoption:

User: „Hallo ich bin xxx. Wie kann ich Dir weiterhelfen?"

User: „….Vertrag……zu viel…….Kündi….Ge…."

Bot: „Entschuldigung, ich habe Dich leider nicht verstanden. Kannst Du Dein Anliegen bitte wiederholen?"

User: „Mein Handy….Dat….gest…kün"

Bot: „Verzeihung, ich habe Schwierigkeiten Dich zu verstehen. Bitte versuche es erneut oder gehe auf unsere Internetseite, um Lösungen für Dein Anliegen zu erhalten. Alternativ kannst Du auch die meisten Anliegen über unsere App beheben."

Die letzten beiden Beispiele können natürlich auch dynamisch eingerichtet werden und sofern die Auslastung der Hotline es zulässt, entweder Weiterverbindung oder Forced Termination einzusetzen.

Tipp Nummer 2:

Erweitern Sie ihr Bot-Sprachspektrum entweder durch entsprechende Übersetzungen ihrer Dialoge in weiteren Sprachen oder durch Erkennung und Kategorisierung der Sprache durch Schlüsselworte, welche die Sprache identifizieren oder eingrenzen, mit dem Ziel, Nutzer:innen einen alternativen Kontaktweg anzubieten. Kürzen Sie Dialoge bei schlechter Sprachqualität um dem Kunden unnötige Zeit in einem Gespräch mit ungewisser Lösungsquote einzusparen und bieten Sie je nach Situation Weiterleitungen oder alternative Hilfsmöglichkeiten an.

Im nächsten Tipp der Woche werden wir uns dann den Fehlertypen Misrecognition und Task Failure widmen.

Carlos Carvalho (Senior Berater)

Tipp 404: Conversational Design – Sprechen Sie Bot?
Teil 4 – Fehlertypen 2/2

Im letzten Tipp der Woche haben wir uns mit den Fehlertypen:

1. No Input – „Ich kann Dich nicht verstehen "
2. No Match – „Ich habe nicht verstanden, was Du meinst"

beschäftigt. Dieses Mal widmen wir uns den anderen beiden Fehlertypen:

3. Misrecognition – „Ich habe etwas falsch verstanden"
4. Task Failure – „Ich kann Dein Anliegen nicht lösen, obwohl ich es verstanden habe"

Fehlertyp Misrecognition – „Ich habe etwas falsch verstanden"

Beschreibung: Die Aussagen des Nutzers werden vom Bot falsch interpretiert und falsche Antworten/Prompts werden geliefert. Obgleich die meisten Fehlertypen bei Voice auftreten kann es auch im Chat diesen Fehlertyp geben.

Mögliche Ursachen (Voice & Chat):

- Der Confidence Score liegt unter 70 Prozent
- Der Nutzer ändert sein Anliegen
- Der Use Case Flow ist fehlerhaft
- Sprachliche Dialekte, Fremdworte oder sehr ähnlich klingende Begriffe
- Bei Chat: Typos, Fachbegriffe
- Hintergrundgeräusche
- Empfehlung (Voice & Chat)

Ein Fehlertyp „Misrecognition" wird vom User in der Regel sofort angezeigt:

Beispiel 1 (Voice):

> Bot: „Hallo ich bin Deine Bestellhilfe xxx vom Restaurant ‚Da Gianni'.
> Wie kann ich Dir weiterhelfen?"

> User (mit Hintergrundgeräuschen): „Ich hätte gerne zwei Pizza Cal-
> zone und drei Papaya."

> Bot: „Ok, das wären zwei Pizza Corleone und drei Eier."

> User (lauter): „Nein, es sind zwei Pizza Calzone und drei Papaya!"

> Bot: „Verzeihung, ich nehme als Bestellung zwei Pizza Calzone und
> drei Papaya auf. Ist das korrekt"

> User (wieder in Normallautstärke): „Perfekt – Danke!"

> Bot: „Alles klar, die Bestellung ist aufgenommen. In ca. 30 bis 40 Mi-
> nuten wird die Pizza bei Dir sein. Guten Appetit! "

Beispiel 2 (Voice):

> Bot: „Hallo ich bin xxx die Reisefee vom Buchungsportal „Up Up &
> Away". Wie kann ich Dir weiterhelfen?"

> User (mit deutlich sächsischem Akzent): „Ich hätte einen Flug am
> Donnerstag von Dresden nach Porto."

> Bot: „Verstanden, ein Flug für Donnerstag von Dresden in Deutsch-
> land nach Bordeaux in Frankreich."

> User (lauter): „Nein, nach Porto in Portugal!"

> Bot: „Entschuldigung, also ein Flug von Dresden in Deutschland nach
> Porto in Portugal für nächsten Donnerstag?"

> User (wieder in Normallautstärke): „Genau!"

In diesen Fällen hilft ein menschlicher Automatismus weiter. Sobald
Menschen signalisiert wird, dass man sie nicht versteht, sprechen Sie den
nächsten Dialogschritt in der Regel, akzentuierter, deutlich langsamer aber
vor allem lauter. Dies liegt unter anderem darin begründet, dass jeder
Mensch eine korrekte Bestätigung einer selbst getätigten Aussage oder

des Erkennens seines Anliegens wünscht und hier den Mehraufwand (lauter, akzentuierter, langsamer sprechen) auf sich nimmt.

<u>Beispiel 3 (Chat):</u>

Bot: „Hallo ich bin xxx Deine Assistenz von Malermeister Y und kann für Dich Termine vereinbaren. Wie kann ich Dir weiterhelfen?"

User: „Ich benötige einen Vor-Ort-Termin bei mir zur Renovierung meiner Innenwände vom Zimmer meiner Tochter, sie hätte aber gerne etwas in Richtung „etepetete". Haben Sie da etwas?"

Bot: „Für besondere Tapeten können wir Ihnen gerne unseren Katalog zusenden"

User: „Nein, keine Tapete – eine besondere Farbe will ich"

Bot: „Verzeihung. Wir können Ihnen auch gerne einen Katalog mit unseren Farben zusenden und auch jetzt schon einen Vor-Ort-Termin vereinbaren."

Hier sehen wir ein Beispiel wo aus Lingustik-Sicht Risiken für Misrecognition entstehen können. In der Regel versucht man in der Computer-Liguistik Begriffe oder Fomulierungen mit Typo-Alternativen anzureichern, so dass auch bei falsch geschriebenen Worten oder Zeilen der Intent erkannt und entsprechend beantwortet wird. In dem Beispiel wird aber der Begriff etepetete als „Tapete"-Typo klassifiziert und ein entsprechender fehlerhafter Prompt ausgespielt.

Tipp Nummer 1:

Wenn ein Bot unsicher ist, oder das Anliegen eines/r Nutzer:in nicht korrekt verstanden hat (z.B. Confidence Level <70), bietet es sich an weitere Absicherungen oder Rückfragen einzubauen und sich wie an den gezeigten im nächsten Prompt zunächst für den Fehler in der Erkennung zu entschuldigen. Grundsätzlich ist im Voice Bereich der Vorteil, dass Kund:innen bei falsch erkannten Intents die nächste Formulierung deutlicher formulieren, was dann das Erkennen wieder erleichtert.

Tipp Nummer 2:

Nutzen Sie nur häufig genutzte Sprache, Beschreibungen und Formulierungen in ihren Dialogen und möglichst wenig Fachbegriffe. Denn auch wenn ein Gericht: „Brät vom Schwein mit souflierten Kartoffelstäbchen an Tomaten-Jus" erstmal toll klingt, versteht nur ein Bruchteil der Nutzer was es eigentlich ist: Currywurst-Pommes.

Fehlertyp Task Failure „Ich kann Dein Anliegen nicht lösen, obwohl ich es verstanden habe"

Beschreibung: Die Aussagen einer/s Nutzer/in werden vom Bot richtig interpretiert, aber das aktuelle Portfolio oder die Funktionalität des Bots sind hierfür nicht vorhanden oder schlichtweg für diesen Use-Case nicht angebracht.

Mögliche Ursachen (Voice & Chat):

- Sehr individuelle Sachverhalte, die keine standardisierten Abläufe möglich machen
- Große Empathie benötigt
- „Faktor Mensch"
- Anliegen liegt außerhalb des Kompetenzbereichs

Beispiel 4 (Chat):

Bot: „Hallo, ich bin xxx die virtuelle Assistenz für alles rund um Deine Bankgeschäfte. Was kann ich für Dich tun?"

User: „Ich möchte ein Wertpapierkonto anlegen und hätte gerne eine Anlage-Beratung."

Bot: „Ich kann Dir gerne zeigen, wie Du ein Online-Wertpapierkonto anlegen kannst. Für eine Anlageberatung empfehle ich aber einen Vor-Ort-Termin bei einem unserer Berater, da ich Dir hier nicht so gut weiterhelfen kann. Soll ich Dir einen Termin machen, damit Du dort parallel auch Dein Wertpapierkonto eröffnen kannst?"

User: „Ja, bitte"

Bot: *„Willkommen bei der Assistenz von Champions League TV. Wie kann ich Dir weiterhelfen?*

User: *„Ich habe aktuell keinen Fernsehempfang auf meinem Gerät und gleich ist Anpfiff, was kann ich tun?"*

Bot: *„Dies kann mehrere Gründe haben. Hast Du andere Geräte auf dem Du unsere App installiert hast?"*

User: *„Ja, auf allen Geräten läuft nix. Auch nicht auf dem PC"*

Bot: *„Wie viele Geräte sind das in Summe?"*

User: *„Vier."*

Bot: *„Sind alle Geräte mit dem WLAN verbunden und ist das WLAN eingeschaltet?"*

User: *„Ja und das WLAN zeigt auch an, dass es funktioniert."*

Bot: *„OK, ich verbinde Dich sofort mit einem Spezialisten, um Dein Problem so schnell wie möglich zu lösen"*

Beispiel 6 (Voice):

Bot: *„Willkommen beim Reiseportal Up Up and Away. Ich bin xxx, wie kann ich Dir weiterhelfen?"*

User: *„Ich hätte gerne eine Empfehlung für eine Reise nach XXX"*

Bot: *„Für diese Form von Reisen empfehlen wir eine individuelle Beratung per Telefon oder in einem unserer Reisebüros, da es sich um ein Krisengebiet handelt und besondere Dinge zu beachten sind. Kann ich Dich hierfür mit einem unserer Berater verbinden, oder möchtest Du lieber einen Termin vor Ort vereinbaren?"*

User: *„Dann lieber vor Ort"*

Bot: *„In welcher Stadt wohnst Du?"*

User: „Hamburg Altona"

Bot: „Wir haben eine Niederlassung am Bahnhof Altona mit aktuell freien Terminen am Mittwoch d.h. morgen um 12h, 14h und 16h30. Passt einer der Termine für Dich?"

User: „Ja, 14h ist prima."

Bot: „Perfekt, ich habe Deine Terminreservierung hinterlegt und Du erhältst eine SMS mit einer Terminbestätigung und den Details auf die Rufnummer, unter der Du gerade anrufst."

User: „Klasse, vielen Dank."

Wie man erkennen kann, werden Fehlertypen der Art „Task failure" von Nutzer:innen immer gut akzeptiert, wenn man über den Bot nachvollziehbar erläutert warum der Sachverhalt nicht durch den Bot (allein) gelöst werden kann und – vor allem – Alternativen anbietet.

Sehr häufig erlebt man aber immer noch nicht schön konzipierte Bot-Prompts wie „Anliegen kann nicht beantwortet werden" oder sogar „Error XXX – bitte kontaktieren Sie den Kundenservice". Hand aufs Herz: Wie hoch ist die Wahrscheinlichkeit, dass sie demselben Bot beim nächsten Anliegen eine erneute Chance geben und nicht wieder den Kundenservice direkt anrufen?

Tipp Nummer 3:

Ein Bot wird selten 100 Prozent Ihres Sales- und Serviceportfolios abbilden können und es ist in der Regel auch nicht so gewollt, denn schließlich haben auch menschliche Kundenservice Mitarbeiter:innen ihre Stärken und Vorteile.

In diesen Fällen wird ein/e Nutzer:in dies auch akzeptieren und befürworten – wenn er/sie erläutert bekommt, warum Sie bzw. der Bot so verfährt. Sparen Sie nicht an dieser Stelle mit den Dialogen bzw. reduzieren sie diese auf ein einfaches „Können wir nicht!" Nur so erhalten sie die positive Wahrnehmung des Bots und machen eine erneute Nutzung in einem anderen Sachverhalt wahrscheinlicher.

Fazit

Die unterschiedlichen Fehlertypen im Conversational Design von Voice Bots haben alle ihre eigenen Charakteristika und ebenso sind die beschriebenen Vorgehensweisen kein Dogma sondern es muss von Use Case zu Use Case entschieden werden, welcher Fehlertyp an welcher Stelle auftreten kann und wie man diesen per Dialog entschärft oder korrigiert. Hilfreich ist es allerdings entsprechende Standard-Fehler-Dialoge im Baukasten zu entwickeln bzw. zu schreiben, welche dann im Conversational Design Flow modular per App-Tag oder Intent Zuordnung eingebaut werden können und nicht jedes Mal neu geschrieben oder im Tool programmiert werden müssen.

Carlos Carvalho (Senior Berater)

Tipp 405: Warum Consultants im Kundenservice so wichtig sind

Personen, die bisher keine Erfahrung mit Consulting gesammelt haben, fragen häufig wofür und warum Unternehmen Consulting beauftragen sollten und ob die Themen nicht viel besser mit eigenem Personal angegangen werden können. Und manchmal wird noch gemutmaßt, dass die Beauftragung von Consultants ein Zeichen eigener Schwäche sei. Diese Einschätzung ist so nicht richtig.

Welche Rolle nimmt der Kundenservice ein und in welcher Situation befinden sich die Verantwortlichen dort? Der Kundenservice war, ist und wird auch in Zukunft einer der strategischen Bereiche in den Unternehmen sein, aus dem in den meisten Fällen jedoch zu wenig Potenzial geschöpft wird. Die verfügbaren Technologien entwickeln sich schnell und die Technologieanbieter drängen mit ordentlichem Marketing- und Vertriebsaufwand in den Markt und versprechen viel. Auf der anderen Seite befinden sich die Kundenserviceorganisationen mit einem Rollenmodell, das den Schwerpunkt in der ordentlichen Abwicklung der Operationsprozesse hat und weniger in dem Management von Veränderungen. Die Themen für mögliche Optimierungen liegen in allen Feldern des Kundenservice-Universums: Beginnend mit den Gründen, warum Menschen Unternehmen kontaktieren über die Kanäle, über die sie dies tun, bis hin zu der Fülle von menschlichen, technischen und prozessualen Enablern zur Organisation und zum Ablauf eines guten Kundenservice.

Wenn man sich diese Vielfalt von Parametern und Arbeitsfeldern im Kundenservice vor Augen führt, wird schnell klar, dass kaum eine Kundenserviceorganisation für alle diese Themen ausreichend Expertenressourcen vorhalten kann – zumal viele Projekte peakartige Projektressourcen mit speziellem Know how erfordern. Beispiele hierfür sind die Auswahl und Implementierung einer Omnichannel Kommunikationsplattform oder sonstiger neuer Technologien oder das erstmalige Nearshore-Outsourcing des Contact Centers. Häufig fehlen nicht solche Mitarbeiter, die in der Lage sind, einen Contact Center Fertigungsbetrieb zu managen mit den traditionellen Positionen die wir kennen (Agent, Teamleiter, Qualitätsmanager, Reporter usw.), sondern solche, die neue Konzepte und Technologien für den Kundenservice konzeptionieren, anwenden, implementieren und weiterentwickeln können. Solche Experten, die man auch als Customer Service Engineers bezeichnen kann, sind rar am Markt und umso schwieriger ist es, diese Mitarbeiter zu finden und für eine Tätigkeit im Kundenservice (und hier speziell für Contact Center) zu motivieren. Experten zu KI, Roboterisierung und Self Care können sich heute die Jobs aussuchen. Daher schaffen es die wenigsten Unternehmen aus eigener Kraft, mangels erfahrener Ressourcen, die Entwicklung des Service voranzutreiben. Sie sind in der Regel auf temporäre Unterstützung von außen angewiesen, um komplexe Projekte umzusetzen. Komplex, weil sie in eine laufende Betriebsorganisation eingreifen und meistens Personal, Organisation, Prozesse und Technik gleichzeitig betreffen. Diesen Herausforderungen stehen Kundenserviceorganisationen jeder Branche und jeder Größe gegenüber – vom Start-up bis zum multinationalen Konzern. Erstere haben den Vorteil, dass sie auf der grünen Wiese von Anfang an gezielt einen modernen und hoch digitalisierten Kundenservice aufbauen können, nutzen diese Chance aber viel zu selten, da der Kundenservice als nicht so relevant wie z.b. der Vertrieb gesehen wird. Letztere haben aufgrund ihrer Größe den Vorteil von Skaleneffekten, wenn es darum geht, in Experten und Projekte zu investieren, verlieren sich aber häufig in hemmenden Entscheidungsprozessen oder im Tagesgeschäft.

Der Bedarf an externen und temporären Expertenressourcen in Form von Consultants ist also klar erkennbar. Häufig hapert es jedoch schon an einer klaren Zielformulierung. Nach wie vor ist eine klar definierte Strategie der Ausgangspunkt für jeden guten Kundenservice. Es ist unmöglich, alle interessanten, vor allem technologiegetriebenen, Themen zu verfolgen. Wenn man aber sein Ziel kennt, egal ob die Verbesserung der Customer Experience, mehr Verkauf im Service, Produktivitätssteigerung, Qualitätsverbesserung oder Kostensenkung, dann kann man gezielt die Roadmap mit Maßnahmen erstellen, um dieses Ziel zu erreichen. Ein guter Consultant hinterfragt mit dem nötigen Abstand immer zuerst die Strategie oder zumindest die Ziele und leitet daraus die richtigen Projektinhalte und Maßnahmen ab. Eine weitere wichtige Voraussetzung für ein erfolgreiches Consulting ist die Erfahrung der Berater in unterschiedlichsten Feldern im Service. Es ist nur möglich, anderen zu helfen, wenn man selbst schon einmal in vergleichbaren Situationen war und seine positiven und, vor allem, negativen Erlebnisse und Ergebnisse erfahren hat. Nur dann weiß man, wovon man spricht. Und diese Erfahrung kann man nur selbst in der Linie oder in Beratungsprojekten erwerben. Berater vieler großer namhafter Beratungen haben eben diese Erfahrung häufig nicht. Dabei kommt es auf die richtige Mischung aus strategisch-konzeptionellen Fertigkeiten auf der einen und operativer Umsetzungserfahrung auf der anderen Seite an. Ein gutes Beratungsprojekt hinterlässt nicht nur ein gutes Projektergebnis, sondern immer auch eine etwas bessere Organisation beim Auftraggeber im Sinne von Hilfe zur (zukünftigen) Selbsthilfe.

Auch wenn die Kundenserviceorganisationen immer besser darin werden, Veränderungen mit eigenen Customer Service Engineers zu gestalten, so wird es aufgrund der stetigen Veränderungen in Gesellschaft und Technologie immer die oben dargestellten Gründe geben, warum es sich lohnt, gute Consultants hinzuzuziehen. Und mit Schwäche hat das übrigens nichts zu tun, sondern vielmehr mit der Fähigkeit und Stärke, zum richtigen Zeitpunkt bei den richtigen Themen in externes Expertenwissen zu investieren, um damit den Kundenservice noch erfolgreicher zu gestalten.

Jonas Leismann (Principal)

Tipp 406: Conversational AI – Welche Mitarbeiter bzw. welches Know-How brauche ich eigentlich?

Wenn der Wunsch oder Bedarf nach einer Implementierung von KI oder Conversational Design im Kundenservice entsteht, kommt sehr schnell die Frage auf: Wen oder welches Know How brauche ich eigentlich auf Mitarbeiterseite dafür?

Der heutige Tipp der Woche soll sich primär auf diesen Punkt konzentrieren, denn grundsätzlich verlangt jede Plattform unterschiedliche technische Skills der dafür verantwortlichen Mitarbeiter:innen.

- Web als Kontaktkanal benötigt Mitarbeiter:innen und Know How im Bereich Interface Design. Dazu gehört das Verständnis von Klickstrecken sowie Vor- und Nachteilen von typischen Web-Features wie Slide- oder Toolbars, Pop-Ups, Kontaktmodule, Interner SEO als auch an welcher Stelle ein Interface zu der KI für den/die Kund:in erfolgen soll.

- Wenn wir auf mobile Geräte schauen, verstärkt sich das benötigte Know How auf UX Design, da Features aus der Web-Oberfläche auf kleineren Bildschirmen nur unzureichend funktionieren. Gleichzeitig reduziert sich auch die Möglichkeit, größere Texte oder komplexere Bilder anzuzeigen.

- Sofern App eine Plattform für ihre Kunden:innen-Interaktion eine Option ist, kommt dann noch der Know-How Bedarf für die jeweilige Integration von klassischen App Schnittstellen, Wissen zu den Anforderungen der jeweiligen großen App-Store Anbieter aber auch interessante Features, die allein auf Basis der zusätzlichen Funktionalitäten der Geräte beruhen wie zum Beispiel, Standortinformationen, Sensorik der Kameras für Augmented Reality Anwendungen, Fotos oder Scans die mit einem mobilen Gerät sehr schnell gemacht und versendet werden können, damit die KI diese Dokumente verarbeiten kann oder Bilder interpretieren kann.

- Gehen wir in den Bereich Sprache, gibt es mittlerweile auch mehrere Optionen. Die Integration von AI in Sprachportalen/IVR schreitet immer weiter durch Echtzeit-Anbindung an Backend-Systeme als auch Verknüpfung mit RPA, welche dann eine komplette Schattenverarbeitung ermöglicht. Mit dem Aufkommen von IOT und AI Assistent:innen in Geräten oder Lautsprechern wie Alexa oder SIRI, aber auch immer stärker in Automobilen. Hier werden deutlich andere Fähigkeiten an das Conversational Design gemacht, da zum großen Teil Darstellung in Bildern nicht möglich ist und allein die Sprache das Primär-Interface ist.

Allein diese Plattform-Dimensionen zeigen schon einen unterschiedlichen Bedarf alleine an technischem Wissen und Verständnis. Nehmen wir nun auch noch die kommunikative Ebene hinzu, vervielfältigt sich der Aufwand, denn nur selten können diese Fähigkeiten in einer Person vereinigt werden.

Daher macht es Sinn, die Aufgaben im Rahmen von Conversational AI auf unterschiedliche Know-How-Träger bzw. Rollen zu verteilen und ich möchte Ihnen in diesem Tipp der Woche exemplarisch drei wichtige Rollen empfehlen, die für ein erfolgreiches Conversational Design erforderlich sind.

Der/Die AI Trainer:in

Einfach formuliert verwandelt der/die AI Trainer:in Daten in Wissen. Hierbei geht es primär um Themen wie Inent-Scoping, Utterances, Dialog-Phrasen-Training aber auch die Analyse und Optimierung der Dialoge. Gute Backgrounds für diese Rolle sind ehemalige Daten-Analyst:innen oder CX-Designer:innen, idealerweise auch mit Erfahrung im Customer Service.

Der/Die Conversation Designer:in

Conversation Designer:innen überführen Wissen über einen Geschäftsprozess oder Use Case in einen Gesprächsablauf, dem so genannten Use-Case-Flow. Hierbei geht es insbesondere darum, einen Geschäftsprozess in einen natürlichen Dialog mit den notwendig-sinnvollen Schritten/Elementen zu überführen. Fähigkeiten zum technisch-logischem Strukturieren eines Gesprächs als auch kreative Alternativpfade eines Lösungswegs des Prozesses sind hier gefragt. Mitarbeiter:innen mit praktischen Erfahrungen im Dialogmanagement, Prozessverantwortliche im Customer Service aber auch erfahrene Customer Service Mitarbeiter:innen können für diese Rolle sehr gut geeignet sein.

Der/Die Copywriter:in

Ein/e Copywriter:in versteht die Psychologie eines Gesprächs als auch die damit verbundenen Regeln, Logiken, sprachlichen Mittel als auch Tone-of-Voice. Die Aufgabe der Copywriter:innen bestehen darin, die in der Struktur und Technologie definierten Dialoge (wo AI Trainer:in und Conversation Designer:in ihre Kernkompetenz haben) auf eine menschliche Ebene zu bringen in der Dialekt, Schlüsselworte, Formulierungen und Psychologie des/r Kund:in im Vordergrund stehen und die Kommunikation anreichern. Gutes Backgroundwissen haben hier Mitarbeiter:innen aus den Bereichen Content Marketing, Branding, Menschen mit Psychologie-Kenntnissen aber auch Redakteur:innen oder Schriftsteller:innen.

Wie Sie sehen ist die Bandbreite an benötigtem Know How sehr umfangreich und es wird hoffentlich auch deutlich, dass viele Implementierungen von Conversational AI an dieser Sollbruchstelle scheitern können, wenn man diese übersieht. Denn häufig werden willkürlich Bestands-Mitarbeiter:innen für diese Rollen vorgesehen, die zwar generell an dem „AI-Hype" interessiert sind, aber nicht den benötigten Skillset haben, die entsprechenden Anforderungen erfolgreich zu erfüllen. Ebenso kann es passieren, dass viele der Aufgaben auf zu wenige Personen konzentriert werden und damit der Output maximal eine Schnittmenge der Fähigkeiten ist.

Fazit:

Bei der Implementierung von Conversational AI lohnt es sich neben den unterschiedlichen technischen Aspekten, wie Infrastruktur oder geplanten Interaktions-Plattformen, auch einen genaueren Blick auf die unterschiedlichen Skill-Sets der Mitarbeiter zu werfen.

„Fertig" ausgebildete oder zertifizierte Conversational AI – Mitarbeiter sind derzeit noch selten am Markt zu finden und entsprechend gestaltet sich eine Suche zeitintensiv und mitunter kostspielig. Allerdings zeigen die o.a. Beispiele, dass auch außerhalb der gewohnten Suchen geeignete Alternativen mit Kompetenzen für diese Rollen verfügbar sind.

Unterstützen Sie diese Mitarbeiter dann kontinuierlich durch Weiterbildung in der Entwicklung und betrachten Sie diese als das was sie sind: Die Enabler:innen, die am Ende der Unterschied für ein erfolgreiches Conversational Design sind.

Carlos Carvalho (Senior Berater)

Tipp 407: Tipps für die Vertragsgestaltung von Outsourcing-Verträgen

Der Grundstein für eine erfolgreiche Zusammenarbeit mit Dienstleistern basiert auf einem gut erstellten und ausgehandelten Dienstleistervertrag. Wir wollen hier einige Tipps geben, was genau bei der Erstellung eines guten Vertrages wichtig und sinnvoll ist und worauf im Besonderen zu achten ist.

In unserer Beratungspraxis erleben wir häufig, dass Unternehmen selten über die Expertise verfügen, einen für sie guten Dienstleistervertrag zu erstellen und auszuhandeln. Dabei fehlt es selten an der notwendigen juristischen Kompetenz, die ebenso notwendig ist bei der Erstellung eines Dienstleistervertrages. Vielmehr fehlt es häufig am operativen Know-how und der Kompetenz, die notwendig ist, um die wichtigen und relevanten operativen Details in einen Dienstleistervertrag einzubringen. Mit operativen Details ist all das gemeint, was notwendig ist für eine effiziente und qualitative Erfüllung der operativen Anforderungen.

Darunter fallen unter anderem Themen wie:

- Welche Vergütungsmodelle werden benötigt und sind sinnvoll?
- Wie ist der Forecastprozess gestaltet und wie erfolgt das Forecasting?
- Welche Qualitätskennzahlen sind von Relevanz und was ist notwendig für die Erfüllung der Qualitätsanforderungen?
- Wie und nach welcher Methodik wird die Salesleistung gemessen und bewertet?

Oben beschriebene Vertragsthemen sind nur ein Teil dessen, was Bestandteil eines guten Dienstleistervertrages sein sollte. Grundsätzlich ist beim Aufbau eine modulare Vertragsstruktur zu empfehlen. Danach folgt der Vertragsaufbau einer hierarchischen Logik.

Folgende Vertragsstruktur ist zu empfehlen:

1. Rahmenvertrag

2. Anlagen

3. Leistungsscheine

Rahmenvertrag: Im Rahmenvertrag sind alle Punkte inkludiert und zusammengefasst, die die grundsätzliche Zusammenarbeit zwischen Auftraggeber und Dienstleister regeln. Dies sind unter anderem Zahlungsbedingungen, Vertragsdauer und Kündigung, Haftung, Änderungsverfahren, Change of Control, etc.. Der Rahmenvertrag enthält dabei alle Regelungen, die unveränderbar sind und auch bei Anpassungen aufgrund operativer Anforderungen nicht geändert werden.

Der Rahmenvertrag ist auch der Teil des Vertragswerkes, der eine hohe juristische Expertise benötigt. Die Anlagen und Leistungsscheine erfordern primär operative Kompetenz und Know-how.

Anlagen (zum Rahmenvertrag): In den Anlagen zum Rahmenvertrag werden alle operativen Themen geregelt und beschrieben, die für die operative Vertragserfüllung von Relevanz sind. Diese sind unter anderem das Vergütungsmodell mit Regelungen zur Leistungserfüllung (z.B. Bonus-Malus Regelung), die Leistungsbeschreibung mit Regelungen wie KPI´s angepasst werden, das Reporting, die Governancestruktur mit Eskalations- und Entscheidungswegen, die Forecastingprozesse, das Trainings – und Qualitätsmanagement mit Beschreibung der Quality-KPI sowie der Messmethoden, das Vertragsänderungsverfahren, die IT- und Securityregelungen, die Transition – und Übergabebeschreibungen und bei Bedarf Beschreibungen zur Salesvergütung und Methodik zur Messung der Salesleistung.

Für jede der einzelnen Anlagen sollten die jeweiligen Fach-Spezialisten ihren fachlichen Input liefern. Dabei ist darauf zu achten, möglichst immer die Zielszenarien zu beschreiben. Die jeweiligen Anlagen sind dabei für sich klar in ihrem Inhalt abgegrenzt. Sollten Anpassungen in einer der Anlagen notwendig sein, muss dann nur die entsprechende relevante Anlage angepasst werden. Der Rahmenvertrag und alle anderen Anlagen bleiben dabei in dem Fall unangetastet. Zu den Bestandteilen der Anlagen können noch Appendizes gehören, die beispielsweise ein Preisblatt enthalten oder Modelle zur Berechnung von Bonus-Malus Zielwerten etc..

Leistungsscheine: Als unterste hierarchische Ebene kommen dann die einzelnen Leistungsscheine. Im Leistungsschein werden konkret alle Kennzahlen und Parameter definiert, die für den jeweiligen relevanten Service gelten. Diese können beispielsweise sein: Öffnungszeiten, AHT´s je Kanal, welche Qualitäts-KPI und Zielwerte, welche Sprachen, Servicelevel je Kanal etc.. Die KPI in den Leistungsscheinen sind jederzeit mit einer definierten Vorlaufzeit änderbar und unterliegen keinem Vertragsänderungsverfahren. Für jeden Service wird dabei ein eigener Leistungsschein erstellt.

Wenn das operative Know-how für die Erstellung eines auf das Unternehmen exakt zugeschnittenen Dienstleistervertages fehlt, zahlt es sich in der Regel mehrfach aus, hier auf externe Kompetenz zurückzugreifen. Unsere Erfahrung hat gezeigt, dass im Rahmen der Erarbeitung der jeweiligen Anlagen und Beschreibung der vertraglichen Zielzustände häufig auch interne Optimierungsfelder strukturiert aufgezeigt werden können. Es ist deshalb nicht nur eine Übung, um Papier zu produzieren, das in der Schublade verschwindet, sondern hilft mit Sicherheit auch, um interne Handlungsfelder zu erkennen und zu verbessern. Ein guter Dienstleistervertrag jedoch hilft in erster Linie, die konkrete Zusammenarbeit mit einem Outsourcingpartner effizient und langfristig zu gestalten, insbesondere um neben der Regelung des operativen Ablaufes auch bei Uneinigkeit eine klare Grundlage für Lösungsfindungen zu haben.

Jürgen Marx (Senior Berater)

Tipp 408: Warum Datenqualität nicht vernachlässigt werden sollte

Warum und wie treffen wir Entscheidungen oder ändern altgetroffene Entscheidungen?

In der Regel entscheiden wir neu, wenn wir neue Informationen, neues Wissen oder neue Ziele haben, welche unsere Entscheidungen beeinflussen. So schrieb der britische Mathematiker und Fachmann für Wirtschaftspolitik, John Maynard Keynes einmal: "wenn sich die Fakten ändern, ändere ich meine Meinung."

Diese Informationen erhalten wir (neben den gefühlten Werten und gutem Instinkt) aus Daten. Dabei kann es sich um Auswertungen für Umsätze, Kosten jeglicher Art, Perfomance-Kennziffern, Prognosen, Strategiewechsel usw. handeln. Daten und daraus resultierende Auswertungen sind somit elementar wichtig, um Handlungsempfehlungen aufzuzeigen und/oder als Entscheidungsvorlage zu dienen.

Sind Daten aber nicht korrekt, aktuell, vollständig und konsistent, dann können beispielsweise Briefe, Mailings oder Anrufe zur Nicht-Erreichbarkeit, falscher Ansprache, Doppelversand/Anruf führen oder schlimmer noch – den falschen Kunden erreichen.

In der Untersuchung „Adress-Studie 2021" analysiert Deutsche Post Direkt, die auf Adress- und Datenmanagement spezialisierte Tochtergesellschaft der Deutschen Post, dass 14,7% aller Briefe 2020 nicht zustellbar waren. Auch wenn sich die Datenqualität um 1,7 Prozentpunkte von 2018 zu 2021 verbessert hat, ist immer noch knapp jeder 7. Kundendatensatz in deutschen Unternehmen fehlerhaft.[1]

(14,3 Milliarden Briefe wurden laut Statista im Jahr 2020 von der deutschen Post DHL befördert.)

---

[1] DP direkt Adressstudie 2021

Wenn Daten für Analysen nicht verständlich, einheitlich, lesbar und zugänglich sind, werden Rechnungen, Prognosen und Planungen für die Unternehmensziele falsch erstellt. Neben möglichen Umsatzeinbußen kann auch eine missglückte Kommunikation mit Kunden die Reputation eines Unternehmens schädigen. Schlechte Datenqualität bindet Arbeitsressourcen, schafft Unzufriedenheit bei Mitarbeitern und entwickelt sich oft zu einem hohen Kostenfaktor.

Hohe Datenqualität führt zu höherer Produktivität. Anstatt Daten zu validieren und Fehler zu korrigieren, haben die Mitarbeiter mehr Zeit für ihre eigentlichen Aufgaben. Ein großer Teil der Arbeitszeit von Datenanalysten und Reportern in Unternehmen wird mit Korrekturen, Nachbessern, Auffüllen und Aufbereiten von Daten benötigt.

Diese Daten-Fehler beruhen meist auf

- Eingabe von Mitarbeitern
- Eingabe von Kunden
- Systemänderungen
- Systemfehler
- verschiedener Datenquellen
- Migration von Daten
- usw.

Daten kosten Geld. Das ist ein Fakt. Daten in einer hohen Qualität zu führen, kostet sogar noch mehr. Am meisten Geld kostet es aber, Entscheidungen aufgrund falscher oder veralteter Informationen zu treffen und damit finanzielle Risiken einzugehen oder sich Strafgelder wegen Nichteinhaltung der Compliance-Richtlinien einzuhandeln.

Laut Gartner sind das Beträge in Millionenhöhe pro Jahr pro Unternehmen, die verloren gehen.

"Poor data quality destroys business value. Recent Gartner research has found that organizations believe poor data quality to be responsible for an average of $15 million per year in losses."[2]

Projekte und Initiativen mit dem Ziel, die Datenqualität zu verbessern und zu halten, sind komplex, aufwendig und teuer. Dafür wird nicht nur IT benötigt, sondern auch Projektteams, welche sämtliche Anforderungen für die Datenstrategie spezifizieren, zusammenführen, implementieren, testen, überwachen und weiterführen. Ebenso muss die Datenqualität von der Erstellung eines Datensatzes, über seine Kontrolle auf Richtigkeit bis hin zur Aktualisierung, Archivierung oder Löschung korrekt sein.

Das ist kein „Einmalprojekt", sondern eine stetige und langfristige Fortführung der Unternehmens DNA. Einfach nichts zu tun, produziert weitaus höhere Kosten und Verluste als die Implementierung eines strukturierten Data Quality Managements.

Laura Hoffmann (Beraterin & HR)

---

[2] „How to create a business case for data quality improvement" (Gartner)

Über *junokai*

Service macht den Unterschied

Wir sind eine der führenden deutschen Beratungsgesellschaften bei allen Fragen rund um Customer Experience und Kundenservice.

Unser Beratungsportfolio ist entlang der gesamten Customer Journey ausgerichtet. Das heißt: Wir bündeln in unserem Beratungsansatz alle Kompetenzfelder für ein ergebnisbezogenes Kundenbeziehungsmanagement.

Der Auf- und Ausbau der Kundenzufriedenheit, der Kundenloyalität und der Kundenpotenziale ist unser Antrieb.

- Wir beraten immer nach den individuellen Kundenanforderungen
- Wir bieten unsere Beratung als end-to-end Leistung an, also von der Strategie über die fachliche Umsetzung bis hin zur technisch-prozessualen Implementierung
- Wir beraten Konzerne, Mittelständler und Start-Ups strategisch und operativ
- Wir sind Experten mit langjähriger operativer Erfahrung in Customer Experience, Customer Service, Customer Relationship- und Telesales- Management

Mit unseren festangestellten Beratern und unserem umfangreichen Partnernetzwerk begleiten wir Sie bei Restrukturierungen im Programm- und Projektmanagement, im Changemanagement, und übernehmen bei Bedarf auch direkte, operative Verantwortung durch die temporäre Besetzung von Management- oder Spezialisten-Funktionen oder durch die komplette Umsetzung Ihres Kundenservice als Generalunternehmer.

Sprechen Sie uns an und überzeugen Sie sich in einem persönlichen Termin von unserer Beratungskompetenz.

Bisher in der Reihe erschienen

50 TIPPS FÜR EINEN BESSEREN KUNDENSERVICE

Band 1 (2014)
ISBN 978-3-8495-9177-9
14,95 €

50 TIPPS FÜR EINEN BESSEREN KUNDENSERVICE
Tipps für einen besseren Kundenservice

Band 2 (2015)
ISBN 978-3-7323-6759-7
14,95 €

50 TIPPS FÜR EINEN BESSEREN KUNDENSERVICE
Service macht den Unterschied

Band 3 (2016)
ISBN 978-3-7345-4812-3
14,95 €

50 TIPPS FÜR EINEN BESSEREN KUNDENSERVICE
Service macht den Unterschied

Band 4 (2017)
ISBN 978-3-7439-5763-3
14,95 €

50 TIPPS FÜR EINEN BESSEREN KUNDENSERVICE
Die „Tipps der Woche" von den Beratern der junokai GmbH

Band 5 (2018)
ISBN 978-3-7439-5762-6
14,95 €

50 TIPPS FÜR EINEN BESSEREN KUNDENSERVICE
Die „Tipps der Woche" von den Beratern der junokai GmbH

Band 6 (2019)
ISBN 978-3-7497-5499-1
14,95 €

50 TIPPS FÜR EINEN BESSEREN KUNDENSERVICE
Die „Tipps der Woche" von den Beratern der junokai GmbH
Inkl. 2 Bonustipps!

Band 7 (2020)
ISBN 978-3-347-15580-0
14,95 €

Alle *junokai Tipp der Woche* Ausgaben sind bei Amazon und bei tredition.de verfügbar und können nachbestellt werden. Oder Sie sprechen uns einfach direkt an, wir haben noch Exemplare einiger Ausgaben vorrätig